英語に好かれるとっておきの方法
―― 4技能を身につける

横山カズ 著

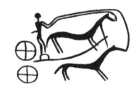

岩波ジュニア新書 834

序　文

一般財団法人　実用英語推進機構代表理事
東進ハイスクール・東進ビジネススクール講師

安河内哲也

「いかにして日本人が英語を話せるようになるのか？」

加速度的に進行するグローバル化の中で，まさにこれは日本の英語教育に突きつけられた課題です．

日本国内で英語を学ぶことは，アメリカのような英語の使用の必要性がある国で英語を学ぶこととは大きく異なります．そもそも，日常生活の中で英語を使用する必要性がないわけですから．

現在日本では，様々な教材や方法論が咲き乱れていて，学習者にもどれが本当に成果を生むものなのかがわかりません．そんな中，横山カズ氏のような，スロースターターが実際に国内で英語を身につけてきた過程を知ることは大いに役にたちます．

ゴールにたどり着く方法は，当然いくつもあると思うのですが，実際にゴールにたどり着いた人たちの学習法を検証し，その共通点を実践すれば間違いはないでしょう．

私も国内で英語を勉強し，現在は英語を話して，米国の会社とビジネスをしたり，授業をしたりしていますが，私と横山氏の最大の共通点は「ナチュラルな英語とその音をまねて口を動かす基礎訓練をしている」ということです．

当たり前のことですが，英語が話せるようになるためには，口を動かす練習をしなければなりません．読んだり，聞いたりという，受動的なスキルを磨くだけでは話せるよ

うになるはずはありません．インプットしたらアウトプットの訓練をする．そんな当たり前のことが本書では楽しく実践できるように工夫されています．

また，横山氏の「主人公はあくまでも自分自身」という方法論は，英語と心をつなぎ，会話の瞬発力を手に入れながら，自分の「アイデンティティー」を養うことにも役立ちます．

日本の英語教育は，かつての翻訳重視の流れから，2技能(読む・聞く)を磨き，2技能の評価に向けて励む形態が主流となっていました．

今，大学入試での4技能試験の導入が迫り，かつてないほどに「話す力」が重視され始めています．

そんな中，海外に長期滞在するという幸運に恵まれない学習者でも実践できる具体的な方法を多く提示していただいた横山氏に敬意を表します．

目　次

序　文　　安河内哲也

プロローグ　Prologue　1

1章　偏差値30からの挑戦
―海外に留学しないで英語を学ぶ　5

ことばの感覚をとらえる1　バウンサー時代のエピソード　27
ことばの感覚をとらえる2　聞き取りの大切さ　28

2章　私の英語独習法
―英語4技能を身につけるために　29

聞く，話す，読む，書く　30
英語4技能を学ぶ意味　32
論理的に話す時も情緒（感情）が隠されている　33
情緒と英語をひとつにする　34
インプットとアウトプット　36
表現の宝探し　37
情緒と英語をひとつにする音読　39
「ふだん着の英語」を身につける　41
何でも英語で3行日記にすれば勝ちである！　41
ひらがなで投稿されたロシア人の子のFacebook　43
相手の「人生相談に乗ってあげる」を目標に！　44
「努力の方向音痴」になってはいけない　45
単語を使いまわせる能力を！　46

攻めの語彙と守りの語彙	48
英語で話せるってどういうこと？	49
一つの表現で100のことを言う	50
ポイントは「意図と行動」	52
「意図と行動」をとらえる	55
川は誰のものか "Let The River Run"	56
「英語的発想」や英語のセンス	58
聞き取りが苦手でも大丈夫	59
LとR：まずはLとWで練習せよ	60
緊張して英語が話せない	61
余裕をかまして「悪い姿勢」で音読を	63
才能は数をこなして「つくる」もの	65
留学，海外経験について	66
character-building のこころ	66
自分が主人公，主観がすべて!!	68

ことばの感覚をとらえる3 **個性とはなにか？** 72
ことばの感覚をとらえる4 **自動翻訳機との対決？** 74

3章 4技能を身につけるための使える技法群と練習法 ... 77

●パワー音読(POD)とは？ ... 78
パワー音読の6つのステップ	78
反復練習で英語を「自動化」する	82

●英語の「システム」を身体に取り込む ... 84
A is B, A does B	84
関係詞 What と How： 「一語認識システム」のインストール	85
基本動詞	89
前置詞	90

目次

●英語と心をつなぐ，思う力の極意と「瞬発力」 ... 92
- 1日10万回の思う回路と英語をつなぐ ... 92
- I wonder if/what ... 94
- I see 人・物 ～ing ... 94

●スピードをつける！ ... 96
- 話す速さと聞く速さ ... 96
- 思いつくスピードは本当に大切！ ... 96
- 自動化で240倍の実力差！ ... 98

●途切れなく話すための「,(カンマ) which」 ... 99
- 途切れなく話すコツをつかむ ... 99
- 現実的な「戦う技術」としての「, which」 ... 100

●相手の心を開きつかむ「the way」 ... 102
- 会話のスタート ... 102

●英語らしさとは？： 英語の「センス」のインストール ... 105
- 意外に言えない英語 ... 105
- 「I」と無生物主語 ... 105

●まとめ ... 111
- Negative を Positive に！ ... 111

●宝さがしのためのネット活用法 ... 115
- チャットや LINE でバイリンガル!! ... 115
- YouTube を活用しよう ... 117

> ことばの感覚をとらえる 5
> **単語を忘れることを恐れないために** 120
>
> ことばの感覚をとらえる 6
> **洋楽の歌詞で「思う力」に磨きをかける！** 122

4章 24時間使いまわせる「ふだん着」の表現 125

- ●相手に自分の気持ちを伝える時に便利な表現 128
- ●気持ちにうったえる表現 130
- ●会話や文章のキャッチボールに便利な表現 133
- ●恋するみなさんに 135
- ●さあこの弾みで受験英語！ 137
- ●英語に好かれるとっておきの例文 143
  - 自分らしく編 143
  - 恋愛編 145
  - 友情編 151
  - 高校生活真っ只中編 152

おわりの前に——プロローグの答え　159
最後に——そしてみなさんの始まりに　163

●編集協力：Christopher M. Celinski（英文校正）
　　　　　　大串智紀

プロローグ　Prologue

　質問です．

　感じよかったね！／快適だったね！／期待通りだったよ！／楽しかった！／美味しかった／認めたくなかった／感じ悪かった／不快だった／期待外れだった／傷ついた／美味しくなかった／風邪がほとんど治ってる／悩みがなくなりつつある／失恋の痛みも吹っ切れつつある／スランプから抜け出しつつある／悲しみさえ忘れつつある／睡魔が消えつつある／（辛かった片思いの）恋愛感情が消えつつある／よそよそしさがなくなってゆく／わだかまりがなくなって，仲直りしつつある／ほぼ元通り／退屈なことを退屈と思わないんだ／離婚してます／バツイチです．

　どれも日常の会話の中でよく使う表現です．みなさんは，これらを言いたいと思った時，英語で言えますか？
　こんなにたくさんの単語は知らないよ，これを英語で言うなんて無理…，と思われたかもしれません．
　でも，これから紹介する「とっておきの方法」を実践していけば，きっと誰でもこうした文（気持ち）を英語で心から引き出すことができるようになります．偏差値30からのスタートだった私が言うのだから心強く思っ

てください．

　この本は始めから終わりまで目次の順番通りに読み通す必要はありません．ページをパラパラとめくって，目に止まった項目や気になったトピックから読んでもらってもかまいません．

　英語は自分の気持ちを表現したり，相手に自分の思いを伝えるための，あなたの心強い味方です．断言してもよいですが，英語は適切な学び方をすれば誰にでも身につくように「予定」されています．英語がうまくならないとしたら，それはあなた個人の問題ではなく，学び方の問題です．適切に学べば，英語は自然に心の中に湧いてくるもの，思いついてしまうものなのです．そのシステムを身体に取り込むのです．そのための方法をこの本にしたためました．

　また私が「英語を使えるようになりたい！」と強く思った10代の頃，「こんな本に出会いたかった」と思える本を目指して書き上げました．一人でもどこにいても英語の力は身につけられます．

　この本で紹介する練習法や言葉たちは当然英語という巨大なシステムの一部でしかありませんが，これらを練習し習得することは英語によるコミュニケーション全体(4技能)のスキルの習得につながるように構成してあります．

　自分らしい英語を軽やかに，そして自由に話せるようになる楽しみは何ものにも代えがたいものです．本書が単なる英語4技能習得のハウツー本としてではなく，

英語を通して少しでも夢や目標に近づくきっかけとしてみなさんに受け入れてもらえれば，私としては嬉しいかぎりです．

　自分らしい英語を軽やかにしなやかに話せるようになるために，私と一緒に練習してみませんか？

1章

偏差値30からの挑戦
―― 海外に留学しないで英語を学ぶ

　　　　　　　◇　　　◇　　　◇

「海外に留学しなければ英語はうまくならない」
「英語の成績が悪いお前なんかが通訳者になれるはずがない」

　かつて私が「通訳者になりたい」と口にした時，親や教師はいつもこのように言いました．
　小学校低学年の頃のことです．あるテレビ番組でたまたま同時通訳者を目にしたことがありました．その時のことはいまでも鮮明に覚えています．全身に衝撃が走ったのです．英語を話している人のすぐ隣にいて，私がまったく理解できない言葉をすごいスピードで日本語に切り替えて伝えている．同時通訳者を見て，これはスゴイ！と感じ，直観的に，自分もこの能力を手に入れたい！　英語を使えるようになりたい！と思いました．
　その頃の私は，走るのも遅いし，運動も不得意だし，絵を描くのも苦手だし，なにをやっても上手くいかず，得意なことはなにもありませんでした．「どうせ，自分にはできない」と何事もやる前から諦めてしまうようなところがありました．けれども，テレビで同時通訳者の様子を見た瞬間，これだけはやりたい！と突き動かされるような思いを抱いたのです．生まれて初めて自分の意思で「何かをやりたい！」「成し遂げたい！」と思った瞬間でした．
　いまふり返ってみると，幼い時から「言葉」が好きだ

ったのだと思います。一つ一つの「言葉」の音のイメージや意味を考えるのが好きで、頭の中であれこれイメージを広げながら、「言葉」をおもちゃのようにして遊んでいたような覚えがあります。親の本棚に並べてある本を抜き取ってページをめくって、わからない言葉を片っ端から辞書で調べたりするのも好きでした。小学生の時から筒井康隆の本が好きで読んだりしていました。

けれども、小学生の時に抱いたこの夢が、その後、ずっと私を苦しめることになります。

唯一好きになったのが英語。英語ってどんな言葉なんだろう、少しでもはやく勉強をしたいという気持ちが湧き起こってきました。ところが、親に英語の勉強をしたいと言っても、父は、「そんなものは大きくなってからでいい！　英語よりもまず日本語の能力を磨け」と、まともに取り合ってくれませんでした。

いろいろな人に相談しても「海外に行かないと英語はうまくならない」などと否定的なことばかり言われ、親に「いつか海外に行って英語の勉強をしたい」と言ったこともありますが、もちろん色よい返事は返ってきませんでした。その一方で、同じ大人たちから「夢を諦めるな」「個性を持て」「国際人になりなさい」などとよく言われ、とても戸惑ったことを覚えています。

悶々としながら過ごした小学校を卒業して中学校へ入学しました。さあやっと学校で英語の勉強ができるぞ、

と思いました．

しかし，期待に胸をふくらませ，わくわくして入学した中学校での生活は，すぐに失望へと変わっていくことになります．出会った先生たちは言うんです．「英語が自在に使えるようになるにはやっぱり外国に住まないとだめなんだよな」と．

ものすごいショックでした．できない理由ばかり並べられてしまうのです．そんなことを言われるとやる気がなくなりますよね．中学生がすぐに外国に行けるわけがありません．「できない理由」より，「いまできること」を教えてほしいと強く願ったものです．あの時をふり返ってみると「いまこういうことをやっておけばいいんだ！ そうすればこんなことができるようになるから！」という実現可能で明確な目標があればよかったのだと思います．この本はそのために書かれています．

たとえ小さな目標であってもそれを達成できれば少し自信がついて，また次のステップに進むことができる．これは必ずしも語学でなくてもよいと思いますが，目的をもって，それに向かって全力で取り組み，達成することで自信をもつ．それによって他人との比較ではなく，心の中から湧き出す自己肯定感(self-esteem)をもつことができます．そういうことが大切だと思うのです．

Self-esteem…私がとても大切にしている言葉です．これは英語も含めたあらゆる学習において「理想とする自分に対する自信」と表現できるでしょう．

これは外側にいる他人と比較して優位を感じたり自己

の劣勢を隠そうとするプライド（pride）とは違い，欠点も含めて自分らしさを受け入れ自らの存在そのものに価値があることを理解し大切にする，自分の内側にあるしなやかで揺るがない心のあり方です．自分も他人も同様に大切にし，謙虚に，しかも堂々と物事に取り組むことを可能にします．

このように書くと道徳論のように聞こえるかもしれませんが，実のところその範疇（はんちゅう）を大きく超えて，現実的な上達と密接にかかわっているのです．

ありのままの自分を大切にできることは，自分を主人公にして英語の瞬発力をつける学習において，とても大きな効果をもたらします．

この self-esteem が自分の心の礎（いしずえ）にあれば，失敗や困難に出遭ってもそこから再び立ち上がり挑戦する「本当の強さ」を発揮することができるのです．

中学生時代の話に戻りますが，せっかく学校で自分のやりたい英語の勉強ができると思っていたのですが，そんなわけで，期待はずれ．正直に言って，まるでやる気は出ませんでした．いうなれば，英語のことが一番大好きな，英語が一番できない生徒でした．

当時の教師は決して悪い先生だったわけではありません．生徒に能動的に使うための英語を教える技能がまだ体系化されていなかったということだったのだと思います．そのような時代だったのですね．

ただ，私の中ではこの気持ちの不協和音は高校生にな

ってからも続きました．

　もともと勉強は得意ではなかったので，成績はあまり良くありませんでした．いや，良くない，というより，むしろ悪かったと言ったほうがいいかもしれません．高校生の時の英語の偏差値は30ジャストから40台前半を行ったり来たりしていました．

　それでも英語は好きだったのだと思います．たとえば数学などは「将来これがなんの役に立つんだろう？」とまるでやる気が出なかったのですが，不思議なことに，英語に関しては「いつか話せるようになりたい！」という気持ちはくすぶりながらも消えることはありませんでした．ですから，大学は英語の強い大学，英語が学べる大学に行きたいと思っていました．

　それは漠然と「外国語大学に行けば何とかなるんじゃないか？」と思い始めていた高3の夏休みの時のことです．相変わらず英語の成績が悪かった私に，ある日友人が「これを覚えれば外語大に入れるぞ」と3冊の英語の参考書を薦めてくれました．

　なんとしてでも外語大に入りたかった私は，必死にその本にあった例文や表現を書いて書いて書きまくって丸暗記しました．なにも考えずに例文を覚える，いわばパターン暗記ですね．そうした短期集中努力の甲斐あって，偏差値は66くらいまで急激に上がりました．

　ただ，リスニング(listening)は恐ろしく苦手でした．スピーキング(speaking)も同じ．参考書を眺めるだけの

勉強では，生の英語を聞いたり話したりすることがないので，仕方がないことだと思います．そして何より，「音読」という学習の決め手とその効果について当時の私は何も知らなかったのです．

　にもかかわらず，教師からは「君には英語の適性がない」「英語のセンスがない」と言われ続け，そのたびに傷つきました．

　それでも英語に対する興味を失わなかったのは，小学生の時に見た同時通訳者の衝撃の大きさがあったから．そしてあと一つ，これだけみんなが海外に行かないとダメだ，帰国子女でないと英語はうまくならないと言うなら，そうではない方法を見つけ出し，国内にいて英語ができるようになってみんなを驚かせてやる，という反骨精神があったのも事実です．「例外中の例外になりたい，なるしかない！」と強く思いました．生まれて初めて，主体的に考え行動したいと思い始めたわけです．

　ただ皮肉なことに，その受験勉強では英語を聞くことも話すことも求められていませんでした．

　結局なんとか関西外国語大学に合格しましたが，第1志望の英米語学科には落ちてしまい，第2志望のスペイン語学科に入学しました．

　念願の外国語大学ではありましたが，スペイン語学科ですから英語の授業はほとんどなく，英語を学べない失望が大きくて，スペイン語の授業にはあまり興味を持て

ませんでした．

　外国語大学に入れば英語力は自然にアップするだろうという漠然とした期待はあったのですが，当然そのようなことはなく，大学生になってからでさえ，就職活動の就職ガイダンスを受ける友達に，「ガイダンスってどういう意味？」と聞いて「え，そんな単語も知らないの？」と驚かれてしまう始末…．驚くべき英語レベルでした．

　そんな私でしたが，幸いなことにこの大学生時代に日本にいながら生きた英語に触れられる機会に恵まれたのです！

　それは，バウンサーのアルバイトです．

　みなさんは，バウンサー(bouncer)ってなんだか知っていますか？　バウンサーというのはレストランやクラブなどの「トラブル処理係」「用心棒」という意味です．

　当時私は総合格闘家の前田日明選手にあこがれていて，将来プロの格闘家になりたいという思いもあり，少林寺拳法や柔道，キックボクシングなどをさんざんやってきていました．

　大学でも柔道部に入っていたのですが，ある時部の先輩から「ふつうのバイトよりも数倍稼げるアルバイトがある．これで学費も生活費も心配はないぜ」といって紹介された，それが外国人が集まる酒場でお客さん同士のけんかやもめごとを仲裁するバウンサーという仕事でした．

　武道や格闘技の経験を買われたわけなのですが，そこ

1章 偏差値30からの挑戦

はさまざまな意味で想像を超えた世界でした．酒場に集まるのは国内外からやってきた体格のいいK-1や総合格闘技の選手のタマゴや，するどい目つきの格闘家くずればかり．いろいろな国籍や人種からなる，そうそうたるメンバーです．全員が見事にヘビー級．

ふつうは就職面接の時に履歴書に学歴や資格，特技などを書きますが，このバイトの面接ではまず初めに身長，体重を聞かれるほどのフィジカル重視のアルバイト．そして「体重は2ケタしかないのか」と残念そうな顔をされてしまいました．

これは大変なことになった…．身長182 cm，体重90 kgを割っていた私の身体は大木に囲まれた葦のように華奢な存在でした．「frail(華奢)」という単語を覚えたのもこの頃でした．

ここではみんな酔っぱらっていますから，毎週末，特に土曜は，かならずといっていいほどトラブルが起こります．もめごとが起こると，バウンサーの先輩たちは，「カズ，お前あのけんかを止めてこいよ」と新入りの私にむかってニヤニヤしながら言うわけです．トラブルやけんかといっても中途半端なレベルではありません．様々な国から腕に覚えのあるヤツらが盛り場に集まってきているのです．ヘビー級の格闘技経験者やサモア人のラグビー選手，中東からの軍隊経験者，そしてアメリカの海兵隊といった顔ぶれもグループ単位でごろごろしているのです．

大切なお客さんを傷つけないようにして制しつつ自分も傷つかないようにすることは，単に戦うよりもずっと難しいことでした．きれいごとじゃないんです．型だけを行う非現実的な格闘技術やきれいごとの精神論など通用するはずがありません．割れたビンやナイフで切りつけられたり，指やあばら，そして腕を骨折したりすることも何度かありました．歯も差し歯が増えました．前歯が折れるとLやFの発音がうまくいかず気の抜けた音になり，とても情けない気持ちになりました．

　ある意味想像力が求められる場所でした．正しい者が勝つのではなく，勝った者が正しい世界．反則を思いついたら「すぐ使え」というのが当たり前でした．

　ルールや理論と，現実世界のリアリティーとの乖離(かいり)を文字通り身体で感じることとなりました．

　そんな中で身体を張ってけんかを止めることにも慣れつつはありましたが(慣れとは恐ろしいものです)，こうしたことは少ない方がよいに決まっています．ではいったいどうすればいいのか…？　このままでは顔がいくつあっても足りません．

　その時，新たな転機が訪れます．「お前は身体を張ってけんかを止めに入る前に，英語で話して殴り合いになる前にけんかをうまく収めろよ(de-escalate)」と言われたのです．英語でうまくコミュニケーションが取れると，多くの場合トラブルを未然に防ぐ(prevent)ことができるんです．

　言われてみれば，たしかにここは生の荒っぽい英語が

飛び交っています．当然最初の頃はうまく聞(聴)き取ったり，話したりすることができず，失敗も多かったです．痛い思いも何度となく経験しました．でもその場の空気感をつかんでいくにつれて，「ああ，ここで実際に話している英語を聞けるんだ」と気づき，嬉しく思うことが増えてきました．一度は消えかけた英語への情熱に再び火がともったのです．

そして何より話された言葉を理解し，そして自分の思いを声に乗せて伝えることで人が傷つけあうことは減るのだな，と実感することができました．そして少しずつですがこの時，自分の中に自信が芽生えてきた気がします．「4技能学習」という言葉が登場するはるか10年以上も前の話です．

こうしたことを意識してからは，お店で口論が始まった時に彼らのしゃべっていることを注意深く聞くようになりました．そしてあることに気づきました．それは誰もが，泥酔して激昂していると口にする単語の種類が少なくなり，アクセントやイントネーションが強まるということです．つまり，怒ったり喜んだりして感情が昂(たかぶ)っている時，語彙(ごい)のレベルはガクンとさがり，使う言葉はシンプルなものだけに限られてくるということです．

けんかしている時は感情が爆発して，その人の「素(す)」が出ます．難しい言葉で論理的に話すよりも，誰にでもわかるような簡単な単語を使い，イントネーションやアクセントを強調する．そのほうが，心の奥底から湧いて

くる自分の感情を相手に伝えやすいのです．きっとこれは「本能」なのでしょう．誰もが，無意識に，例外なくそうなる…．頭のいい人でも，ふだんは理屈っぽい人でも感情が昂っている時は単純な言葉しか使いません．

　これらは英語を独学する私にとってとても大きな気づきでした．人が何も考えずに話す，つまり自分の感情を素直に表すということは，語彙レベルを下げて誰もが使うような簡単な言葉や表現を使い，イントネーションやアクセントを守るということなんです．「そこからまずはとことんやってみよう！」そう思いました．

　それらは，小さな頃からきっと人生の最期まで，そして社会的地位や立場に関係なくお世話になる血の通った言葉たちです．難しい単語を知らなくても自分の気持ちを伝えられるんです．英語の感覚やセンスは自分の意思で手に入れる方法があるのです．

　これが，あとで紹介する「パワー音読(POD)」と，その他の習得のための技法群のエッセンスになっています．

　このことに気づいて，私はけんかや言い争いが起こると，むしろチャンス到来！とばかりに，そこで話されているシンプルな単語を意識的に聞き取って拾っていくようになりました．

　時にはけんかの対応の最中にメモを取ろうとして，思い切り顔面にパンチをもらったことさえありました．当

たり前ですよね．おかげで真っ直ぐだった私の鼻すじは完全にかぎ型になってしまいました(That's the price I have to pay)．うまく英語の音をキャッチできずにけんかの当事者に何度も聞き返すのですから当たり前ですよね．はっきり言ってメチャクチャです．それでも学ぶことを楽しんでいました．あの頃はよっぽど表現を拾うことが嬉しかったのでしょうね…．こうして生きた英語に触れる機会を得て，もう一度，英語をしっかりやろうと心に火が付きました．

　余談になりますが，そこで知り合った語学が堪能なオランダ人のバウンサーの先輩は身長が2メートルほどもあり，見るからにいかつい風貌でしたが，日本語が驚くほど自然で流暢でした．どんな時でもリラックスしていて，日本語を話している時も相手の心をとらえ，多くのトラブルを実際の殴り合いになる前に未然に防ぎ，丸く収めるコミュニケーションの達人でもありました．とにかく反応が早く，ウィットに富んだ自然な日本語が瞬間的に出てきます．

　衝撃を受けた私は語学習得の秘訣について彼に根掘り葉掘り質問したものです(中高生時代に果たしてこんなに熱意をもって質問したことがあったでしょうか!?)．彼は単語帳を開いて単語の勉強をしている私を見て「小難しい言葉を覚えるのは後でいい！　英語を話したいなら，客の女の子達の喜怒哀楽をよく見ろ！　すごく表情豊かだろう？　そこで話している言葉だけをしっかり拾って覚えるんだ！」と言われたものです．

これはすごい効果がありました．観察するのは別に女の子である必要はない気がするし，ちょっと極端な気もしますが，彼の言いたいことは理解できました．大切なのは感情と言葉をつなぐこと．これこそが自由に話すためには欠かせない要素だということをつかみ取ることができました．

　たとえばけんかと恋愛は相反するもののようですが，実は互いにまっすぐな気持ちをぶつけ合うという共通点があるんです．恋人同士で，互いに好きだという気持ちを伝え合ったり，泣いたり，笑ったり，けんかしたり…そんな感情を伝え合うのが英語を覚えるのに一番適しているということでした．

　違いはただ一つ．相手が欲していることを察して与えるのが恋愛で，嫌がることを徹底的にやるのがけんかや格闘技なわけです．引力か反発力かの違いだけで，感情のコミュニケーションには変わりないわけです．

　意見の衝突と相手を受け入れ好きになる気持ち．どちらの場合も，気持ちが言葉にこもらざるを得ないのです．ならばその「必然」をつくり出し，練習法を工夫すればいい．目的があれば工夫は楽しいものです．

　英語のディベートでの意見の衝突や役者さんの英語での役作りもこれに似ています．完全に当事者になって，英語のセリフを身につけていく．英語の上手な俳優さんが多いのはこういったことが理由だと容易に想像がつきますね．

こうして再びやる気を取り戻した私は，大学で留学生が残していった英語の雑誌を見たり，バウンサーの仕事の帰路，疲れていても眠くても駅の売店で英字新聞を買って，手あたり次第に読むようになりました．もちろん全部は読み切れないので，興味のある記事だけを選び，自分の意見や気持ちにフィットする表現だけを「宝さがし」しては書きとめていきました．記事の見出しをまず見て，内容を予想するんです．これだけでも推測力がついていきます．そうしているうちに不思議と書かれている内容がつかみやすくなっていきました．ふり返ってみれば，こうして英語の基礎体力がつきつつありました．

ただ，読む力はある程度つきましたが，問題なのは相変わらず会話が苦手で発音も下手，リスニングもできないことでした．単語も文法の知識もぜったい増えているはずなのに，知識として言葉は知っていても相手が話している言葉をキャッチできない．まして自由に英文を思いついて話すなんて夢のまた夢….

努力が報われないのはほんとうにつらいことでした．

のちにその克服法を知ることになるのですが，基礎的な発音をやれば言葉を聞き取れるようになること，音読の大切さやリエゾン(liaison)の大切さなどはその頃は誰も教えてくれません．聞き取りの能力や発音の能力は，帰国子女とか，特別に語学センスに恵まれた人だけのものだと思ってしまっていました．やり方がまったくわからなかった私は，そう自分に言い聞かせるしかなかったのです．

◇　　　◇　　　◇

　こんなに懸命にやっているのにやっぱり手が届かないのか…．さすがの私もすっかり落ち込みました．それでも少しずつですが英語を口に出すことができるようになったので，思い切って不動産屋や見本市で通訳のアルバイトに応募し，英語を使って働く機会を作っていくようになりました．「このまま通訳者としてやっていこう」という気持ちを自分の中で再確認したのも，この頃からです．そしてそのまま大学を卒業して，バウンサーの仕事も続けながら，登録した通訳・翻訳会社からの仕事を受けていました．

　当初はエンジニア系の通訳が主な仕事でした．携帯電話のソフトウェアや自動車の開発がメイン分野です．通訳の仕事というのは，話しているところの方が華やかに見られがちですが，リスニングの能力も同じかそれ以上に大切なんです．聞き取れれば，少し安心できて何とかなるけど，話せるだけで聞き取れないと誤解しか生まれない…．でもその頃は知識だけに頼って英語を理解しようとばかりしていて，新しい音を自然に取り入れる力がなかったのです．

　つまりそれは知っている言葉しか聞き取れない状態です．そして知っている言葉さえ聞き取るのが大変な状態です．通訳者になって間もない頃は，英語を聞くのが怖かったですね．知らないことを言われたらおしまいだと

いう恐怖と常に闘っていました．

　後ほどお伝えしますが，英語の音も身体的な一種の「知識」で，自分が発音できる音は知っている単語と同じように驚くほど楽に聞き取ることができます．また，音は常に他の言葉の音と連結したり脱落することによって，その音自体が減っていきます．そういうことに気がつけば余裕をもって，しかもスピーディーに聞き，話せるようになることができます．変化のパターンは限られていて，それをあらかじめ身体に入れておけばよいわけです．

　私が25歳の頃のことです．三重大学の生物資源学部が米メリーランド州に環境改善プロジェクトの成果調査に行くことになりました．その通訳者として随行の機会を与えられたのです．この通訳業務はいままで私が体験したどの通訳とも違って，英語の運用力だけでなく，毎回変わる専門的なテーマにどれだけ短期間で習熟するかをストレートに問われるものでした．

　意見交換の場では複数の専門家が間を置かずに発言します．一瞬でも考えていたら彼らの言葉を取りこぼしてしまうのです．まさに英語と日本語と文字通りぎりぎりのところで「格闘」した日々でした．ホテルにもどっても翌日のための資料読み．ついには寝不足と興奮から通訳の最中に鼻血でシャツを真っ赤にしてしまうハプニングもありました．

　幸い，周囲の方々は私の「試合」に勝利判定をしてく

れたのですが，自分としては力不足を痛感せざるをえない 10 日間でした．

　知識に頼った英語理解では限界がある…．帰国した私はそれまで以上にリスニング能力を伸ばそうと，トレーニングの方法の模索を続けました．

　どうすれば，耳に英語が流れ込むようになるのか…．いろいろな方法を試してみましたが，その一つが，国内で英語をマスターした人たちがどんなことをやっているのか，日常生活を含めて，じっくりと観察をすることでした．どうすれば彼らのように英語を自在に操ることができるのだろうか，なにか秘密があるに違いない．

　すると，あることに気づきました．日本に居ながらにして英語を自由に駆使している人たちは，わざわざ言いませんが，みなさん例外なく音読をやっているのです．

　ただ音読の方法は一人一人違いがありました．各自が秘伝としていてなかなか見せてくれないんです．そこで私はあきらめずに，できるだけその人たちの側にいるようにして，技を盗んでいきました．英語以外の話をしている時に限って，ぽろっと秘伝を言ってしまうのは面白かったです．そしてそれらの良い部分を自分なりに組み合わせ，また独自の工夫も加え練習法を組み立てていきました．

　私の尊敬する日本を代表する大通訳者も，いちどご一緒した時に観察していたら，日の出前の早朝から音読をしていました．「音読．これが決め手だったのか！」

「海外で生活しないと英語は上達しない」という理屈を多くの人が思い込まされてしまっているのですが，果たしてそれは本当でしょうか？　スポーツの世界でも同じようなことが言えます．たとえば日本人は体格が劣っているから100メートル走で9秒台は出せないと長く言われています．でももう10秒の壁を破るのは時間の問題です．きっと一人が9秒台を出したら，次々にそれを上回る記録を出す選手が現れるのではないかと思います．

英語も同じ．海外にいかないとダメという「理論」にとらわれてしまうと，そこからもう進歩はなくなってしまいますが，そこで諦(あきら)めるのではなく他の方法を探っていくことで突破していくことはできるのだと思います．既成概念から抜け出して，身近にある現実的なコツを追求しましょう．理論はあとからついてきます．

日本人にはRとLの聞き分けはできない，などとも言われますが，そんなことはありません．できない理由ばかり並べられて「できない」と思い込んでしまうと，もう工夫しなくなってしまうものですが，これもトレーニングによって聞き分けることができるようになるのです．この点も後述します．

こうして音読をやり始めて，相変わらずリスニングは苦手なままではありましたが，少しずつしゃべれるようになっていきました．上達を身体で感じられることは本

当に楽しい体験で，わずかですがそこから自信と言えるものが芽生えてきた気がしました．

やる気は，まずは少しでいいのでやることによって出てくるものです．30秒だけやってみましょう．「Start small」ということですね．ただ，上達を身体で感じることが大前提です．もちろん発音が課題だった私は，いきなり完璧な発音を目指すことはできません．でも，誰もがいきなりK-1選手のようなプロのファイターを目指す必要はありません．まず自分ができる範囲で目標を定めて上達を目指せばいいのです．一段，一段と，楽しみながら確実に．

具体的には，私が特に意識したのは，単語の第1アクセントに注意することでした．私も含めて日本語が母語の人はアクセントに無意識の共通したくせがあることに気づきました．

たとえば，「県」という意味のPrefecture．アクセントはプリ**フェ**クチャーではなく，**プリ**フェクチャーです．私も含め日本語が母語の人には，この単語のように，先頭にあるアクセントが最初は特に難しいのですね．ここに注意を向けるだけでもリスニングの力は大きく伸び，話す言葉も相手に伝わりやすくなります．

そこでアクセントや抑揚などに特に意識を向けて訓練を重ねました．

実際第1アクセントを意識して声に出すだけの練習でもリスニングは大きく向上し始めました．第1アクセントが勝手に耳に引っかかるようになっていくんです．

ハーグ条約批准関連の記者会見で通訳をする著者(左)．
日本外国特派員協会にて

やがて電話などでよくある，不明瞭な英語も聞き取れるようになっていきます．これは強力な武器ですね．

実は，発音に特化して練習しようと思ったのは30歳になってからです．それまでは知っているものが聞こえてきたらなんとか聞き取れるかな，という程度でした．けれども自分がきちんと発音をすることによって，聞き取りが驚くほどやりやすくなるということを知って，こだわりをもって発音の練習をするようになりました．

本当に不思議なことに，発音ができると聞き取りも楽になるのです．アクセントや抑揚を意識した音読をくり返すことで，次第に苦手だった聞き取りの力も上がっていったのです．

言えるものは聞き取れる！　決してセンスや才能の問題じゃない．

ちなみに音が聞き取れるようになってくると，「この単語はどんな意味なんだろう」「単語さえわかればみん

な理解できるのに！」と思うようになってきます．すると，心の底から「もっと単語を知りたい，覚えたい」と切望するようになります，まるでお腹がすくように．すべてが楽しくなってくるのです！

　こうして試行錯誤をくり返しながら編み出したのが「パワー音読(POD)」という方法とそれをサポートする現実的なコツたちです．センスは自分の意思と適切な練習で自分の身体の中にインストールできるんです！

　それでは次の章から，私が実践してきた英語独習の具体的な方法を紹介していきます．

ことばの感覚をとらえる 1
バウンサー時代のエピソード

　私のバウンサー時代の同僚にオーストラリアの田舎から来た格闘家の大男がいました．彼と珍しく恋愛の話をした時に，こんなことを言われたことがあります．

　「好きな子に対して I would **DIE** for you なんていうもんじゃない．言うなら I would **KILL** for you と言え．そして，その前に I will live for you だ」と．

　もちろんここでの **DIE** も **KILL** も比喩的な意味合いですが，ただ死ぬだけならそれは，active ではない．しょせん passive だ．それでは本当に現実と向き合っているとは言えない，と．時には敵と戦って，相手を倒さなければいけないこともある．まったく傷つきたくないと思うのは，それこそ死んでいるのと同じことだ．そんな生き方ではただ生物学的に Being alive なのであって，積極的に Living your own life しているとは言えないから，意志を持って積極的に生きろよと言ったものでした．

　その時，私は思うところがあって，この 3 つの表現をノートに書き留めたことを覚えています．心に刺さった表現は消えずにアイデンティティの一部となるものです．

ことばの感覚をとらえる 2
聞き取りの大切さ

　英語を使った交渉では時に物事はきれいごとだけで済まない場合があります．というよりはきれいごとはほとんどないとも言えるくらいです．その中でこんなことがありました．クライアントの企業の社長さんが私にこのように言うんです．

　「まったく英語がわからないふりをして近くに座っていてくれないか？　そうすると向こうのメンバーたちは早口で本音（ほんね）をお互いに話すはずだから」と．

　この作戦は見事に成功しました．交渉相手の企業は前に話していたことと違う内容でこちらに大きな損害になるような作戦を立てていたのです．そして相手間の短いやりとりでの話し方（トーン）や言葉づかい，そして立居ふるまいにも本音が見え隠れするものです．私はその内容を聞き取って頭の中で整理しその社長さんにそのことを伝えました．

　彼は「やっぱりそうだったのか！」とすごく怒った後，その取引先とはビジネスを中止したことは言うまでもありません．

　これは少し極端な例かもしれませんが，話すことより聞くことが重要な局面は意外と多いものです．聞き取れないと相手の気持ちも思惑もまったく理解できず，ただコミュニケーションがうまくいかないだけではなく，自分を危険にさらすことさえあるのです．

2章
私の英語独習法
—— 英語4技能を身につけるために

◇　　◇　　◇

👍 聞く，話す，読む，書く
——「4技能」のコアをつかみ取る！

4技能とは，英語を学ぶために必要な「聞く(聴く)」「話す」「読む」「書く」の4つの力のことです．

いまの日本の学校の多くは「読む」「聞く」といったインプット中心の授業が多いかもしれませんが，まずはそこでインプットされたことを大切にしましょう．そしてこのインプットを元手にして「書く」「話す」というアウトプットをすることを意識して練習すればよいのです．適切な工夫によって4技能の習得はスムーズに進められます．

この4技能を伸ばすためにはさまざまな方法があると思いますが，私がもっとも大切だと思うのは，4技能の前提となる，自分の情緒や感情を〈英語で「思う」力〉なのだと考えます．

〈英語で「思う」力〉を「コア」にして，「聞く」「話す」「読む」「書く」の4技能を，その出入口と考えるイメージです．

リーディング(読む)やリスニング(聞く)では自分の心に響く表現を探します(宝探し)．このようなアクティブな読み方をすると，自分の情緒と思考を「主人公」にすることができ，思いを瞬間的に英語でアウトプットする「瞬発力」が養えます．

ここで自然に身についた心に響く「宝もの」は，「話

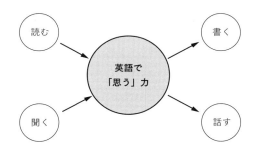

す」「書く」場に出口を求めるようになります．自分を主人公にして厳選された表現たちは，その一つ一つが自分のたくさんの感情や思い出と結びついています．すなわち，たった一つの英語表現でも何十，何百という自分の中のエピソードを表現できることになるのです．いわば着まわしがきき，ラフに着こなせるふだん着の英語です．

こうして日常的に使うことによって4技能が磨かれていくのではないかと思います．この習慣を大切にしながら，最後のアウトプットの仕上げは「自分のふだん着の日本語をとらえること」になります．

そのためには自分がふだん無意識に友人や家族，同僚たちを相手にどんな日本語を話しているか，を知ることです．自分ではあまり気づかないことも多いですが，人はそれぞれ口癖や話し方に特徴があるものです．

その日本語会話にこれまで宝さがしして出会った心に響く英語表現を，可能な限りあてはめながら，シンプルな英文に落とし込んでゆきます．その英文を自分のもの

にすれば，ふだん自分が話している日本語と同じことが英語で表現できるようになります．それが，自分が当面必要とする英語のスピーキングの力となります．

その際，英語の先生やALT（外国語指導助手）などの方々に英文のチェックをしてもらえれば最高です．でも，そうでなくても日常的にこれらの表現を使っていればいずれ修正できる機会は必ずやってきます．まずは自分で作った表現をアクティブに使っていきましょう！

👍 英語4技能を学ぶ意味

今後，ますます大学入試で英語4技能が重視されるようになります．4技能を学ぶことは受験のために必要という側面も大切ですが，何といっても魅力的なのは英語を「使う」楽しみが増えるということです．

4技能を身につけることによって，教室を超え，科目の境界線も超えて自分の好きなテーマの英文記事を読み，好きなトピックについて英語で語り合い，また趣味も，そして時には恋愛も英語でできるようになるわけです．英語が必要な限り，〈英語で「思う」力〉をコアとした4技能を中心に動いていくのです．

当然，海外で活躍する可能性も大きく広がっていきます．4技能を身につけることで，自分の中に眠っているさまざまな魅力や能力に気づくことができるのです．これは自信につながります．またその過程では，英語と自分の心はより強く結びつき，英語の「瞬発力」は強化されます．英語4技能とは，あくまで自分が主体的に行

動するためのものなんです．

👍 論理的に話す時も情緒（感情）が隠されている

　英語を話すということは，心の奥底から湧いてくる感覚や気持ち，感情，情緒を伝えることです．表面だけをつくろって心にもないことを話そうとしても相手に自分の思いは伝わりません．実際問題として自らが感じていないことはその英文がなかなか頭に思い浮かばないはずです．

　自分が何を感じ（感情），どのような気持ちでいるのか（情緒）が大切なのです．コミュニケーションの基本は，自分の感情や情緒を言葉にして伝えることです．逆にいえば，何も感じていなければいくら英語の知識が豊富でも自分の英語は話せないのです．

　私は，英語の授業の時に受講者に向けて，「〈英語で「思う」力〉こそすべて！」ということをよく言います．「思う」は，I wonder〜（〜かなあ）というかたちで表現できます．この表現を無意識に心の中で言う頻度は恐ろしく高いのです．日頃から自分の感じたことや思いをI wonder〜 で言う練習を続けていけば，きっと英語が自分の気持ちを表す言葉になってくれます．感情や情熱は英語習得の最大の燃料なのです．歌を歌う時，歌詞に魂を込めるということとほぼ同じといえます．

　もちろん人と話をする時に，情緒的な会話をするだけでなく，論理性が求められる場面も多くあります．けれども，論理的に主張する時も，その底には話す人の感情

が隠れているはずです.

　大学対抗の英語のディベート大会などを見ていると興味深い現象に出会うことができます．話されている内容は論理的であっても，選手たちはものすごく興奮していて，会場の雰囲気は柔道のような格闘技の団体戦トーナメントと驚くほどよく似ています．各学校や大学のメンツをかけて勝負しているわけです．選手たちは対戦相手がいて勝負がかかっているという状況にいやがうえにも発奮し，無意識のうちにもっと話さなければという熱意が高まるのでしょう．無意識とはいえ，上達のための「必然」をつくる一つの方法と言えます．

　1章でも書きましたが，けんかと恋愛の共通点ですね．相反するもののようで実は互いにまっすぐに意見や気持ちをぶつけ合っています．これは英語部(ESS)の仲間たちが気持ちを共有しながら互いの欲しているものを察し，また対戦相手チームには格闘技のように相手の最も嫌がる点をつく，という理想的なコミュニケーション練習となっています．

　私もICEE(国際英語コミュニケーション能力検定)などで英語のディベートをさんざんやり，その効果を感じました．

👍 情緒と英語をひとつにする

　自分の気持ちを英語で表現できるようにするための方法としてお奨めなのが，物事に対して常に「感想」を持つことです．

うれしい，悲しい，つらい，悔しい，怒りなど，毎日，心の中にさまざまな感情が湧きますよね．自分の気持ちが動いた時，少しでいいからその気持ちをメモしておくとよいと思います．1行でもいいんです．その時は日本語でOK．あとでそれを英語に変えてみるのです．

　そして，その英語をくり返し音読する．毎日じゃなくても大丈夫です．自分の感情が高まり，強く感想を持った瞬間をのがさないように．そういうことをくり返しているうちに，その英語は自分の身体に入り込んでいきます．そして，心の中に同じような感情が湧き起こった時に，その英語は自然に出てきます．そう，その英語はその時の自分の心を映してくれるようになります．そうして自分だけの英語になっていくのです．

　自分に合っていない英語を無理やり思い通りに動かそうとすると，とても精神的に疲れます．無理があるんですね．練習でしんどいものは実戦では使い物になりません．だからこそ，「自分の心がどう動き，また動きたがっているか」を感じ取ってゆきましょう．練習は常に与えられた状況で「もっとも無理がなく自然な選択」の結果であることが大事です．自然に緊張や力みが抜けていきます．

　英語という言語は恐ろしく巨大なシステムで，世界中の国々の何十億もの人々とつながっており，日々多くの言葉が生まれては消えていきます．そのすべてを知ることはネイティブスピーカーも含めてどんな人にも不可能です．ただ，自分を主人公にして「心」を中心に据える

と，本当に使うために必要な言葉の宝さがしを楽しみながら，自分自身の英語ができ上がっていくのです．心をとらえ，興味を追いましょう．

英語に心を合わせるのではなく，心に英語を合わせる実際的な練習を大切にしていきます．この本ではその実戦的な練習法を追求します．

英語で自然に自分の気持ちを伝える…．この感覚は素晴らしいものです．無理に，意識的努力によって話そうと思ってもいないのに，英文がどんどん湧き出してしまう感覚は楽しくてたまらないものです．

👍 インプットとアウトプット

インプットは充実感を得ることができ，アウトプットはストレスを発散するような(実際にそうなのですが)爽快感を得られます．2つ合わせて，自由に使える自由を味わう「全能感」です．

話が少し脱線しますが，私は昔ある旧ソ連の国でプロ格闘家とのスパーリングに参加しました．そして叩きのめされたことがあります．現地のコーチは私に言ったものです「君は力を「つける」ことにこだわるあまり，力を「出し切る」ことがまったく手薄になっている」と．一つ一つの筋肉は鍛えられているのに，それらが全体として意識と「連動」できていなかったのですね．そのため，まったく自由に動けず，力を出し切ることができなかったんです．

自分の身体のはずなのに思ったように動かせていない．

これは英語でもまったく同じことです．自由に使えなければいくら語彙があっても意味がありません．アウトプットをするために，覚えた言葉や表現は音読によって「英語の骨組み」にまとめ上げ，「心とつないで」おくことです．これが自由に話すための必須条件です．宝石を集めたら（インプット），自分の好きなものだけを選んではひも（ストリング）に通して好みのブレスレットを作る（アウトプット）イメージ．自分だけの英語を瞬間的に作れるようにしていきます．

👍 表現の宝探し
―― あくまでも自分の感情と興味だけが主役！

英語を読んだり聞いたりする時は，まず自分の感情や興味と合うもの，つまり自分が好きなことや関心のあるテーマのものをテキストに選んでください．たとえば関心をもっている俳優やスポーツ選手のインタビュー記事などがよいと思います．特に，インタビュー記事のなかの，生の発言（引用符内の口語）が，まずはおすすめです．好きな海外ミュージシャンの歌の歌詞などもよいですね．

長い英語の文章が目の前にあると，こんなに長い文章は読めないと尻込みしてしまいがちですが，その中にたくさんの宝物が詰まっているかもしれません．リーディングは，実は宝さがし…です．無理にストーリーを細かく追いかけるよりも，あえて，言葉と情緒に目を向けるのがポイントです．どこかに宝は必ず隠れています．自分が将来口にする素敵な言葉に出会うため，心に響く英

語表現を求めて，ゆるい感じで目を通すのです．

隠れていた自分の好きな表現に出会うたびに，自分はラッキーだと思えるようになってきます．そして知らないうちに，ストーリーにもどっぷりはまっている，なんてこともあるかもしれません．

ある時，ある言葉や表現が自分の気持ちにカチッと組み込まれる…．その瞬間，英語に命が吹き込まれ，この時から英語はあなたの恋人のようになるのです．だから一緒に居て楽しいし，長い文章を読んでも疲れないのです．そうしているうちに，気がつくと，すごい量の英語に触れていることになります．長く過ごせば「気心の知れた」関係になりますね．そんな感じです．

たとえば，何度も読み込んだ大好きな日本語の本の英語版があれば，もう勝ったようなもの，自分の好きなストーリーであれば英語で書かれていても，あまり抵抗感をもたずに読み進められます．丸ごと一冊分の語彙と思考が手に入ります．

自分の興味ある内容，関心のあるものを中心に追求すれば，自分らしい個性を持った英語を身につけることになっていきます．結果として，自分にしかない英語のスタイルができるのです．

たとえば，同じ「歩く」という動作でも，それぞれの性格，持って生まれた体格，気分…，あらゆるものによって歩き方の表情が変わっていきます．英語も本当にそんな感じなのです．同じ英文でも，話し手とともに無限

の広がりが見えるのです．そしてそれはすべて自分だけの英語で，完成形はみなちがう．それは「指紋」と同じことです．

英語（言葉）は誰にでもその人の個性や気持ちに合わせて身につくように「予定」されているものです．それがその他の「科目・教科」とは違うものなんです．すなわち英語は自分の「心」を盛大に使う遊び，ということができます．

そのプロセスを楽しむことによって，他の誰でもない，自分自身のスタイルの英語ができていきます．日本語と同じように．友達や仲間と，好きな英文の見せっこをするのも楽しいですよ．

表現の「宝さがし」は常に自分の中にある，知らなかった部分を気づかせてくれます．自分では気づかずに来た「自分らしさ」なんです．そうすることによって自分だけの英語ができていきます．英語という巨大なシステムから，自分らしさ(Identity)が削り出されてゆくわけです．

対話やディベートは，さらに自分と他者の違いと共通点を教えてくれます．そしてリアルな意見の衝突は私たちの英語にさらに多くのリアルな感情をプレゼントしてくれます．

👍 情緒と英語をひとつにする音読

詳しくは後ほど述べますが，自分の気持ちと英語を一つに織り上げるためのトレーニングとして音読が効果的

です.

　音読をする時には，自分の好きな文章を選んで，役者さんの役作りのように感情を込めてその文を読んでみてください．立って歩きながら音読するなど，動作を加えることも感情と英語を結びつけることに効果ありです．感情と身体の動きは必ず連動しています．微動だにせずに感情をこめて大きな声で音読するのはほぼ不可能です．ジェスチャーとは本来勝手に出てしまうもの，そんな身体の反応もとらえながら話す感覚をつかまえます．

　音読をくり返すたびに，心の状態は少しずつ変わっていますから，同じ文をくり返し読んでもまったく同じことを反復しているわけではありません．何度もくり返すことで様々な心の状態，微妙な心の変化に合わせてきめ細かく情緒(心)と英語が一つになっていくのです．そうすれば，一つの英語表現に何十，何百，何千というイメージや思いが通り過ぎるわけです．その結果，一つの表現で様々な心の状態を表せるようになります．一度通った道たちは次からもっとずっと楽に通れるようになっています．

　昔私が20代の頃，ある実験(？)をやりました．自分の気持ちや興味とは反対に，興味の持てない英文を人にすすめられるがまま10日間ほど音読し続けたんです．

　すると，気持ちがこもらず機械的な音読になってしまうのです．驚いたことに，続けているうちに，文字通りまったく英語が出てこなくなって(思いつかなくなって)しまったのです．心と英語が分断されてしまう….これ

は恐ろしい体験でした．やはり自分の心が動かないと言葉も出てこないのです．情緒と言葉のつながりの大事さを知った忘れられない出来事です．

👍「ふだん着の英語」を身につける
――自分が話す内容は意外なほど限られている！

前にも書きましたが，人にはそれぞれ話し方に特徴があります．自分があまり意識していない口癖もあります．自分が日本語で話す時の癖に着目してみましょう．ふだんの会話をスマホで録音したり，友達に指摘をお願いしたりして，まずは自分がよく使う言葉や言いまわし，口癖を知り，それをすべて英語で言えるようにしておきましょう．

録音された自分の会話を聞くと，人は誰でも自分の話のワンパターンさにショックを受けるものです．ごく限られた言葉だけを使い，決まった言い方ばかりしていることが多いのです．中高生も例外ではありません．でもこれは悪いことではありません．言い換えれば，それを英語で言えるようにしておけばよいのです．

音読をくり返して，自分の口癖や話し方を身につけておけば，英語の会話は日本語で話す時と同じようにできるようになります．あっというまに自信がつくこと間違いなしです．

👍何でも英語で3行日記にすれば勝ちである！

まずは毎日一つ，心に残ったことを日本語で書いてみ

ましょう．3行くらいの短いものでかまいません．そして英語に変えてみます．ネット検索や辞書を活用するのも良いと思います．嬉しいこと，悲しいこと，おかしかったこと，何でもいいです．3行程度であれば，書きやすいだけでなく一番自分が強く思うことを選び抜く癖が自然についてくるわけです．

　上手く書けなくてもこの分量なら学校の先生や塾の先生にもあまり迷惑をかけずに教えてもらうことも可能なのではないでしょうか．

(例)
英語で日記を書くのは効果があるらしい．でも何を書いたらいいのかわからないや．まずは先生に聞いてみようかな．
I hear keeping a diary is great. But, I don't know what to write. Maybe I should talk to my teacher first.

(例)
明日は久しぶりに中学校時代の友達に会えるからすごく楽しみ！　LINEでしか連絡とってないから実際に会ったらどんな感じなのかな．（主語がない日本語はITで訳す！）2年ほどもたってるからなんか不思議な感じだな．
I'm really excited about meeting my junior high school friends after such a long time. I

wonder how it'll feel as we only talk to each other through LINE. It's a little weird as I haven't seen them for 2 years or so.

👍 ひらがなで投稿されたロシア人の子の Facebook

　これは英語を学ぶ日本人ではなく，日本語を学ぶ10代の人の例です．

　ある時，10代のロシア人の学生さんの日本語学習のサポートをしたことがあります．彼女は日本語の授業は受けたことがなく，すべて独学だったのです．ある日彼女が言いました（ちなみに最初の頃は，会話自体は授業も含めて英語でした）「私の日本語を見てほしい」と．驚きました．彼女のFacebookはすべて日本語で投稿されていたのです．ただ，その文字はすべてひらがなで，文法や語彙のミスもたくさんありました．しかしその内容はすべて彼女が思い，感じたこと，そして意見が書かれていました．あくまで自分を主人公に，能動的に日本語の文を目に見える形で作り出していたわけです．

　一度自分の心を通して作ったものは忘れにくいものです．そしてそのような時に添削してもらったものはさらにいっそう忘れにくくなります．直したものを音読すると，それは永遠に「感覚」となって，なくなることはありません．少しずつ形を変えながら，まさに一生お世話になる文であり表現たちなのです．

　投稿の一つ一つは長いものではありません．先ほどの「3行日記」のような感じです．

彼女と私が意見の一致を見たのは，短い日記でも時々古いものを見返すとその言語(私たちなら英語，彼女の場合は日本語)で当時の状況を思い出すことができるということです．これもまた「心とことばをつなぐ」最高の独習法の一つといえるでしょう．

　学校の英語の先生や塾でも誰でもいいので，英語に情熱を持ち，手伝ってくれる人を見つけてみましょう！ もし見つからなくても，この本の例文たちを自分の気持ちに合うものからでよいので音読して，自分のものにしてください．自分がほしいと思って手に入れた表現は，本当に忘れないものなんです！

👍 相手の「人生相談に乗ってあげる」を目標に！

　自分が思ったり感じたことを英語にできるようになってくると，自然に話し相手の気持ちにも目が向くようになってきます．ここが大事なんです．相手が本気で生の感情を表現する時，使われる単語はシンプルで私たちが追求しているものと同じになってくるんです．聞いていると，こちらの心もそれらの言葉と連動して反応してくれます．まさに英語で感じ取っている状態です．

　私たちが日本語で相談に乗っている時とすごく似ていますよね？ ばらばらに切り離された英単語をパズルのように組み合わせる作業とは無縁のまったく別のシステムが動いているわけです．

　お互いに感情や感想を持つことは相手の個性や存在をはっきりと認識することになります．無関心は語学学習

の大敵とも言えます.

　心の動きに合わせて自然に選択された言葉たちが音読によって構築された A is B, A does B のシステム（後ほど説明します）に乗って瞬間的に表現されるわけです. これを身につけると，相手も自然に心を開き，本気で話してくれるものです. 会話のスピードは自然に上がってしまっていることでしょう.

　この本で練習したことがすべて同時に生かされていくわけです.

👍 「努力の方向音痴」になってはいけない

　受験勉強で単語を覚える時，あなたはどのような方法で勉強していますか？ 受験用単語集を開いてアルファベットのAから順番に覚えていくようなやり方はお奨めできません.

　では，どのような方法がよいのでしょう.

　まず，少しでも興味のある英文を読むのです. その時に単語集も使いますが，始めのページから順番に覚えていくのではなく，単語集の索引のページを開いて，英文を読んで出会った単語に印をしていくのです. そうすれば，自分が出会った自分の興味のある言葉と，単語帳に載せられている受験のために覚えなければいけない単語がシンクロしていくのです.

　受験対策の勉強では，広い範囲をやみくもにやっても，かえって足を取られてしまいます. 自分の力と合わないことをやっても，まるで赤ちゃんがハイハイしている状

態でいきなり筋力アップのトレーニングをしているようなものです.

PCを使っていると,ファイルが次第に増えていきますが,実際によく使うファイルは最近のものばかりですよね.ですからそこをしっかり覚えていく,ということです.努力の方向音痴になってはいけません.

これは受験に限ったことではありません.日常生活のなかでよく使う言葉は実はとても限られているので,受験英語で学ぶ単語の範囲のさらに頻出単語の上位数％の単語や例文を徹底的にやれば,日常会話(すなわち本音(ほんね)で行うスピーディーなコミュニケーション)の大半がカバーできるのです.

👍 単語を使いまわせる能力を!
—— 冷蔵庫の残り物で美味しい料理が作れるか?

英語の勉強というと思い浮かぶのは,少しでも多くの単語を覚える…,ということかもしれません.もちろん,たくさんの単語を知っているに越したことはありません.でも,必ずしも単語を知らなければコミュニケーションができない,ということでもありません.

先に書いたように,私がバウンサーのアルバイトをしている時に気づいたのは,感情が昂(たか)ぶって自分の心の「素(す)」の部分が出てくると,人は単純な言葉しか使わなくなる(使えなくなる)ということ,感情が大きくうねるほど,情緒が高まれば高まるほど,必要な語彙は減っていくということでした.

このことは，逆に言えば，限られた単純な言葉だけで，十分に自分の心を伝えることができるということです．プロの料理人は冷蔵庫にある残り物で美味しい料理を作ることができます．わざわざ足りない食材を買い出しに行ったりしません．私たちだって持っている単語でちゃんと自分を相手に理解させることはできるのです．その方法さえ体得していれば．

　私はまだ20代の頃，外国人の女性と少しだけ付き合ったことがありました．聡明な人でしたが，遠く寒い国からやってきた彼女もまた英語が母語ではありませんでした．その時の私たちの会話は英語．共通語は英語しかない．自分の思いを伝えたり，いっしょに泣いたり，笑ったり，けんかしたり，恋愛におけるコミュニケーションは情緒と英語を結びつけるのにとても役立ちました．

　それはともかく，彼女から言われた言葉で印象に残っているフレーズ(phrase)があります．

　　Life is a short movie to watch.
　　I'm a long book to read.
　　こんなところで人生足踏みしていいの？
　　私はめんどくさい女よ．

　この2つのフレーズです．すごい表現だと思いませんか？　すべて初級レベルの簡単な単語だけです．それにもかかわらず，言っている内容は深みのある哲学的な表現です．これを聞いた時，知性は語彙の多さだけでは

決まらないのだと思いました．

いまインターネットなどを通して，日本人が目にする英語の単語というのは飛躍的に増えているかもしれません．でもこれから生涯かけて必要とされる語彙って限られているのだと思います．ですから，日常のなかで使うことの少ない単語まで含めて多くの単語を覚えることに力を注ぐのではなく，基本的な単語だけをまず徹底的に自分のものにする．そしてわからない単語に出会った時に，基本的な単語の知識で言い換えができるような能力をつければよいのです．

👍 攻めの語彙と守りの語彙

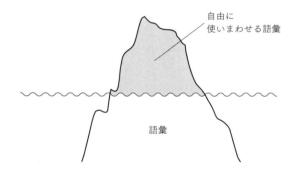

氷山の水面の上にある小さな部分が，まず最初に完全に自由に使いまわせるようになるべき語彙です．これは幼少期から死ぬ直前まですべての英語話者がお世話になる言葉たちです．そしてそれらは情緒と最も深くつながっています(つながっていなければなりません)．

その証拠に，本音で語る恋人，友達，ビジネスの最前線での会話ではこれらの語彙が主な武器となっているのです．

「読む」「聞く」の2技能で語彙だけ増やしても，自分の心はどの言葉を選択してよいかわからず，英語のシステムはフリーズしてしまいます．これが瞬発力の欠如の主原因です．単語の知識はあっても話すことができない．PCのデスクトップ画面がファイルでいっぱいになり，検索に時間がかかりすぎているイメージですね．あくまで最初は，基本動詞(特に不規則動詞)・前置詞・関係詞をメインに音読で英語を自分のものにする．その際自分の経験や情緒を中心にする．少ないものから多くの感覚とイメージをとらえることが主眼となります．

👍 英語で話せるってどういうこと？

忘れられないエピソードがあります．大阪のちょっとディープな飲み屋に大学の友人たちと行った時のこと．だれかが「あの辺は「ぼったくり」も多いから気をつけよう」と言いました．これを一緒にいた留学生に説明しようとした私は「「ぼったくり」って英語でなんて言うんだろう？」と考え込んでしまったのです．そんな英語，学校では習いませんよね．ところが横にいた友人の一人がいとも簡単に"They'll take all your money"と．

これは私にとってあらたな気づきの瞬間でした．「そうか！「ぼったくり」という言葉を知らなくても，「誰」(S)が「何をする」(V)か，「何」(S)が「どうなる」

(V)のかがわかってさえいれば,相手に伝えられるんだ!」と.

　日本語に縛られることなく,伝えたいことの本質を瞬間的にとらえられれば,会話の流れは止まらないんだ…これこそ私が求めていた「流 暢さ」でした.言い換えれば英語の「瞬発力」となります.

　英語で話せるということは,とりもなおさずいま伝えようとする物事の核となるイメージを自分の中に持つ,ということなのです.

👍 一つの表現で 100 のことを言う

　たくさんの単語を知ることも大切ですが,一つのことを 100 の表現で言えるより,発想を転換して 100 のことを一つの表現で言える方法を追いかける方が,楽だと思いませんか? 一つの表現さえ知っていれば,それをさまざまなシチュエーションで使えるのですから.まるで「柔よく剛を制す」でしょう?

　英単語の知識を詰め込んで,誰も使わないような難しい単語を使って話をしても,あなたの思いは伝わりません.話し手の使用する語彙が難しくなればなるほど,理解してくれる人の数は減っていくという現実があるのです.たとえそれがとても難しい話題を話し合う場だとしても,その場にふさわしい話し方さえ解っていれば,あとは自分なりの易しい英語で話せばいいのです.

　日本人は積み木が好きで,より多くの知識を積み上げ,

知識の多寡(たか)で勝負しようとします．でもどんなに知識を積み重ねたとしても足りない部分はいつもあるのでキリがありません．力と力のぶつかり合いに終わりはありません．それでは記憶容量の多いコンピューターの方が人間より偉いということになってしまいます．

知っている単語の数がどんなに多くてもふだんの会話で使わないのならばあまり意味がありません．知識の多さを競うよりも，日常生活の中でふつうに話ができるほうがいいじゃないですか．シンプルなふだん着の英語を日常会話の中で自由に着まわす（＝使える）力があればよいのです．そうすれば，必要な知識は後からずっと楽に手に入れられるのです．

英語の語彙も文法も追求すればその量も詳細さも留まるところがなく，キリがありません．現代に生きる私たちは何でも複雑難解で量が多いほど高級である，と考え行動しがちです．しかし英語を比較的自由に使用している人たちの知識が最も複雑で多いと言えるでしょうか？そうではないはずです．

「これだけは知っておくべき」知識を押さえつつ，運用できるようになる練習は極力シンプルで応用のきくものであることが重要です．

生きている限り英語力を深め広げていけるようなシステムがあればよいわけです．過度な詳細は省略しながら，〈英語で「思う」力〉のシステムの扉をこじ開けていきたいと思います．

自転車は，体力が落ちても乗り方は忘れないのと同じ

ように,語彙が減っても,思い,話す能力はなくならない! そして,魅力的な話し手の言葉はいつもシンプルです.

👍 ポイントは「意図と行動」

　文章や言葉を日本語から英語に,英語から日本語に変換する時には,着地点(end point)を知ることがすべてです.その文章を見たり聞いたりした瞬間にそれがどんな意図をもつものなのか,どんな行動を表現するものであるのかを見極めることができればもう勝負はあったも同然.英語を話す時に,着地点が明確で,その意図と行動が相手に伝わればよいのです.日本語の一つ一つの言葉を英単語に言い換えていく必要はありません.またこれは通訳における最も重要な技術の一つでもあります.

　例えば「あーあ,今日もあいつにキツイこと言われちゃったなぁ」.みなさんならどう訳しますか?
　…えっと「言われちゃったなぁ」だから I was told by him that... なんて考えがち.でもここでは,「彼(あいつ)」が「僕」に何かを言ったことが行動の本質なんだから,

> He told me (such harsh things).
> He was harsh on me.
> His words/What he said really hurt me.
> (彼が言ったことは私を本当に痛めつけた)

※harsh　厳しい

と言えるでしょう？

　これでいいのです．誰が何をしたか．すなわちA does/did B の形に分解すれば意図と行動はおのずから見えてきてしまうものなのです．

　訳しにくい多くの日本語表現はこの原則によって容易に英語に変えることができるのです．
- 主人公は誰だ？
- いったい何をやったんだ？

と問えばよいわけですね．

　意図と行動といえば，京都大学の英語の入学試験の和文英訳の問題は，多くの場合シンプルに「これを英文に直せ」というかたちで直訳しにくい文が出題されます．伝統あるその出題形式は，いま時代を超えて非常に先進的なものとみることもできます．あれは完全に意図と行動を問う問題です．

　受験英語の知識体系だけでは対応できないように，その誤差の部分で質問をする．才能を問うためには，いまの教育体系だけではできないことをさせる．問われる力が違う．みんながマラソンをやっているなかで，京大は短距離走をやらせているようなものですね．

　意図と行動は，公式，すなわち：

主語＋動詞（誰・何が何をやったか）

に落とし込めばおのずから答えが導かれます．

　「難訳語」と言われる言葉も実はそのイメージや動作自体はシンプルなものです．ただ難しそうな名前がついているだけなのです．すなわち簡単な言葉に「因数分解」ができるわけです．
　「それって結局はこういうことでしょ？」というちょっと反抗的な頭の使いかたが重要です．たとえばこんな風に….

　　あいつめんどくさい奴だなぁ
　　He always wastes my time and energy.
　　（annoying や obnoxious と一語の形容詞でも言えますが，それを忘れた時に SV ですぐに対応する力をつけます）

　　あいつ，もてるなぁ！
　　Girls "fight over" him.
　　（直訳　女の子はみんなあいつを奪い合ってる）
　　Girls love him. だけでも OK！

　　おもてなし
　　be able to figure out what they want and give it to them...

（欲しているものを察し，それを与える事ができる）

いや，それは誤解なんです
It's different from what it looks like.
It's not like that.
（日本語のシステムの直訳だと，misunderstanding を忘れたらそこで会話はストップしますが，このように意図と行動を SV で表現できるシステムを音読で自動化するとこのような芸当が当たり前になってきます）

👍「意図と行動」をとらえる

覚えるべき表現に迷ったら，同じ意味でも「日本語とかけ離れた方」を選ぶこと．辞書(ネットでも同じ)で一つの日本語の表現に対していくつかの英語の表現を発見したら，迷わず主語が日本語と違っているものを優先して口に出して覚えてみてください．

この作業をやっていると，結果的により「英語らしい発想と表現」を身体にしみこませることができます．

具体的には，主語と目的語の入れ替え(結果として無生物主語を多用し・受動態を避けることになる)が自然にできるようになり，難しい単語を忘れてしまっても(特に名詞)，主語＋基本動詞に「因数分解」できるようになります．

誰が何をやっているか？ 何が誰に影響を及ぼしてい

るか？が明確に見えてしまうようになるのです．

そうすれば「簡単な語彙をより深く，柔らかく」使いまわすことができるようになります．これは自分も含めた話し手の「意図と行動」をダイレクトにつかまえることにつながります．

また，いわゆるネイティブ的な発想に近づくことになります．実は同時通訳をやっている時にもこの技法が生きています．というより，私の場合は通訳の技を追求する過程でこの技術にたどり着きました．それがスピーキングの上達の最も大事な部分の一つであったわけです．

このようなパターンをどんどん音読していってください．すると，日本語の発想を超えたものに自然に意識が向くようになり，どんどん発想が「英語的」になっていきます．言い換えれば世に言う日本人離れした英語を手に入れることになります．英語のセンスが完成するわけです．

👍 川は誰のものか "Let The River Run"

この訳を見て泣いた…この本の冒頭で私は同時通訳者になろうと心に決めた子供時代の経験を書きました．ただ，その後にもう一つ決定的な瞬間がありました．それは私が大学生にまさになろうとしている18歳の頃でした．英語がまったく話せず絶望していた時代です．友人の誘いでとある環境問題に関するイベントに立ち寄ったのです．こう書かれていました．

　　川は誰のものか　〜Let The River Run〜

イベント会場にはこのように書かれていた

　私は立ち止まり，しばらく動けなくなってしまいました．そして不意に涙が出てきました．日本語のメッセージとその英訳のあまりの美しさに．

　当時，私には環境問題や自然科学に関する知識も環境通訳をやるいまほどはありませんでした．しかしこれらの言葉の向こうには，確かに様々な人々の利害や思惑が，そして人間の都合で川や自然に手を加えてよいのか，という問いがせめぎあって感じられました．そして言葉とはこんなに美しいものかと強く思いました．

　「川は誰のものか」という問いは Who owns the river? と直訳ですることもできるとは思います．しかしその現場の状況（空気）と人々の気持ちにダイレクトに触れている人が訳すと「意図と行動」が明確になって訳されてくるのです．

　Let the river run には．川は人間の持ち物ではなく，一つの独立した生きた存在なんだ，という気持ちが感じられます．ゆえに主語は River で「川は川の望むように流れさせてあげるべきだ」となったのでしょう．

あれから20年ほども経ったいまはこのように自分の感情の分析もすることはできますが，あの時は「これだ，これをやりたくて僕は英語に憧れているんだ」と気づかされたものです．そして正直に言います．あのとき泣いた理由の50%は，すごくて，綺麗なこの言語を自分は一生話せないんじゃないか？　自分はそのような才能や境遇には恵まれていないんじゃないか？という思いでした．この言語を話せないことが悲しかったのです．

👍 「英語的発想」や英語のセンス

ところで，英語的な発想，ということがよく言われますが，それは真に「英語的」というわけではありません．日本語と比較した場合，いちばんシステムの相異がある部分，日本語と英語の違いを強く感じる部分や日本人が苦手とする英語表現を指して便宜的に「英語的発想」と言っているにすぎません．

たぶん，中国人が英語を学んだら彼らの感じる「英語的発想」は日本人のいう英語的発想とは違う部分になると思います．

幼い頃，「英語は外国に住んだことがある恵まれた子しか話せるようにならないんだよ」と周囲の大人たちに言われ，とても傷ついたということは先に書いた通りです．留学などできない環境でしたから，自分ではどうしていいかわかりませんでした．

発音が苦手，聞き取りも苦手でしたから，そういう意味では私は英語のセンスはないのかもしれません．「情

熱10割，技術ゼロ」，かつてそう言われたこともありました．何回も．でも英語のセンスって何でしょう？

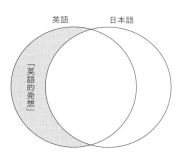

私がみなさんに伝えたいのは，的を射た努力をすれば確実に実るということです．英語習得には，正直者がばかを見ないで努力が必ず報われる，「現実的技術」があります．

自分の才能を信じていないからこそ練習以外のことを考えなくて済む…ともいえます．たとえセンスがなくても気楽にかつ本気にやれば必ず身につくのが英語です．

母語（第1言語）をしっかりと身につけた人，つまり，自分の思いや感情を母語で表現する力を身につけた人は，必ず第2言語も身につけられます．年齢や性別，才能や境遇，海外経験の有無など，みなそれぞれに，いろいろ異なった運命があると思います．でも，それらは「個性」にこそなり得ても決して障害にはなりません．

👍 聞き取りが苦手でも大丈夫

リスニングが苦手で，相手の話している英語が聞き取れないからといって焦る必要はありません．わからなかった時に誰かに英語で聞ける能力があればいいのです．コミュニケーションの楽しみがこうして増えていきます．

そして音読です．私もかつてリスニングが苦手で，苦

労しました．でも，心配はいりません．正しい音読をくり返すことで聞く力もついてきます．

「発音ができるようになると聞き取りが楽になる」というのは，「聞く」「話す」「読む」「書く」の4技能の相互作用についての基本的な考え方です．

英語教育の4技能化が進むにつれて音声教育も大きく変わっていくことでしょう．リスニングやスピーキングの比率が現在より上がることはあっても減るとは考えにくいです．そのような流れに対応し，現実の音声でのやりとりにも役立つコツや練習法をこの本で紹介していきたいと思います．

👍 LとR：まずはLとWで練習せよ

RとLで始まる単語の聞き分けは成人した日本人にはほぼ不可能だとよく言われています．臨界期（感受性期）を過ぎたら無理と学生のころ本で読んで，絶望したものです．ですが，まったく心配することはありません．私の試行錯誤で発見した，とっておきの練習法があるんです（追いつめられるといろいろ工夫するものですね）．

Rで始まる単語たちに，代わりにWをつけて徹底的に発音練習しましょう！　しばらくはRは禁止！　実はRとWは舌の位置を除いては口の形がまったく同じで音としても似ているんです．ただ，日本語の性格上WとLは聞き分けが簡単ですよね．ここに仕掛けがあります．

徹底的にWの音とLの音を発音して，聞き分けます．

数日〜2週間もすると，私たちの耳(脳)はWとRが非常に近いと認識し始め，WとLを聴き分けるようにRとLが聞き分けられるようになります(面白いのは状況によってはネイティブスピーカーでもWとRは取り違えることがままあることです).

シンプルながら，手軽で誰にでもできる方法で，これを英語が社内公用語化している企業等でも伝授すると参加した多くの方々にとても感謝されます．音の聞き分けも高校生，成人となってからでもいくらでも上達することができるのです．

w/right	light
w/read	lead
w/rake	lake
w/rend	lend
w/river	liver
w/road	load

ちなみに try, break などRの前に子音が組み合わさっている単語のR/Lの聞き分けもこの練習でできるようになります．

👍 緊張して英語が話せない
―― 音読で経験の先取りをしよう

英語を話そうとすると緊張してしまうという人がいますが，そんな人のためによい方法があります．一度わざ

と緊張してみるのです．もっと！もっと！　そう，限界まで！　そして，緊張した自分，噛んでいる自分をはじめから真似してしまいましょう．不思議とリラックスして，ミスが減ります．そのあと，だんだん力が抜けてきて楽しくて，上手になれます！

　発想を変えてミスの先回り．これは効果があります．音読練習でできうるミスはあらかじめやっておけばよいのです．「経験の先取り」と私は呼んでいます．

　「私は緊張してしまう」というネガティブな気持ちを逆手にとって，この機にその表現を英語で覚えてしまいましょう．思い切り緊張して下記の文を徹底的に読んでみてください．

> I'm so nervous that I don't even know what I'm talking about.

　これをくり返し読んでいるうちにきっと緊張から解放される瞬間があります．その瞬間をつかんでみてください．

　恥ずかしがり屋ということは，実は，むしろ英語上達の武器になります．人一倍シャイだったら，人一倍ひとりで練習できるからです．英語力の 95% はひとりの時に作られるのです．

　シャイだからこそ，ひとりでいる時こそ英語力は伸びるもの．人と話す時，それはあくまで試しの場だと思いましょう．ネイティブでもシャイな人はたくさんいる．

簡単なことでしょう？

👍 余裕をかまして「悪い姿勢」で音読を

　ふだんからベストコンディションでいい姿勢でばかり練習していると，本番でもっと緊張してしまいます．だらりとした姿勢と雰囲気で「だるそうに・余裕をかまして」音読することも実は非常に重要です．よく外国人が足を組んで話したりしますよね？　身体と心理状態は密接な関係にあります．足を組んだり，投げ出してこの本を高く掲げて読んでみましょう．そうすることによって実際に人と話す時に適度なリラックスした状態を作り出すことができます．

　英語に感情を乗せにくいと感じたら，「姿勢」や「スピード」「話し方」を変えることによって逆に自分の感情を英語を通して変化させることができるのです．両方やって，楽しみましょう．すると，英語で話している相手の気持ちさえ見えてきます．相手の心に入り込んで同調するんですね．言葉の一つ一つの意味をキャッチしながらそこをとらえると，英語はずっと話しやすくなるわけです．

　バウンサーのアルバイトをしていた時，がちがちに緊張した状態では冷静に英語で対処してその場を収束させることは到底できませんでした．言い換えると，このような仕事をしていると絶えず緊張し続けていてはいけないのです．緊張や恐怖心で固まってしまうと日本語でさえ話しにくくなることを考えれば，容易に想像がつきま

警察署での通訳．
つかの間の休息

すよね？ しかもこちらの緊張は必ず相手にも伝わり，アドバンテージを与えてしまうことにもなってしまいます．

　苦しい時こそ英語で冗談が言えるように．しんどい気持ちを英語に変え，更なる上達につながるように．これは，私や私のたくさんの生徒さんの実践を通しての「人体実験」に裏打ちされた方法とも言えます．本書では「こうせざるを得ない状況」を作り出し，それに対処する現実的な練習法をお伝えしようと思います．その中であくまで，快適に，リラックスした状態を作り，保ちながら英語を使えるようにしていきます．

　どんな技術もガチガチに緊張している状態では使えません．ふだんからリラックスの状態を保つような練習が重要です．「自分が英語を使う状況ってどんなものなのかなぁ？」といつも考え，練習することが有効です．

　ただだらりと弛緩したリラックスではなく，楽な気持ちで相手の出方に反応できる心と身体の状態(姿勢)を重視します．

　練習する時に固まっていては，本番では到底自由に動くことはできないので，その逆を徹底的にやっておくわけです．英語のスピーキング試験でもこの練習法は大い

に威力を発揮してくれます．試験官だって楽しく対話したいはずです．相手をリラックスさせて楽しんでもらうつもりでいきましょう．

👍 才能は数をこなして「つくる」もの

　記憶力に自信がない…．という人も多いでしょう．私だってそうです．だから単語を覚えられない，と嘆いている人もいるかもしれません．でも，実は，これは語学の才能そのものといっていいのです．記憶力に自信がないなら，数をこなせばよいのです．そうすれば，知識ではなくて「能力」として英語が手に入ります．自転車の乗り方を覚えてしまえば，体力が落ちても自転車に乗り続けられるのと同じように，一度身につけた能力は忘れないのです．人体とは本当によくできているものです．

　すぐに覚えられなくても，たくさん覚えてはその大半を忘れる…これをくり返していると，一つ忘れても，また別のものでそれを補うしくみが完成していきます．簡単に言うと，より自由に話せるようになっていくのです．忘れることを恐れずに，興味にまかせて読み進みましょう．話す「システム」は音読の回数に応じて確実に身体の中に残っていきます．身体の中に残れば，だんだん自在に文が思いつくようになるわけです．覚える頃には信じられないような強固な英語システムが完成しているはずです．骨組みが残れば単語はいくらでも取り換えが効きます．単語をたくさん覚えられなくても心配ありません．

同じ例文にどれだけの回数,様々なイメージや思いを去来(きょらい)させたかが重要です.その数が多いほど,英文を思いつく速さに磨きがかかります.

👍 留学,海外経験について

住む場所が変わったからといって自分の英語がひとりでにリアルなものになるとは考えないでください.むしろ自分がどのように感じているかが大事なのです.変化はいつだって自分の心の内部から生じます.英語は自分の生の感情とつながって初めてリアルになります.その変化がある限り,英語を手に入れる手段はネットを含めて日本国内にもあふれかえっているのです.蛇口をひねれば水は出てきます.

徹底的に自分の情緒をとらえ,理にかなった練習をすれば,結果として英文が瞬間的に思いつくようになります.世に言う「流暢さ」というのはこんなものではないのでしょうか?

👍 character-building のこころ

自分が感じ,考え表現したいと思うことは自分自身が英語を学ぶための起点としてはそれがどのような考え,意見であれすべて正しいのです.極端に言うと,自分の周りの他人がなんと言おうが,自分が物事についてどのように感じ,思っているかをつかむことが,英語で思い,話す力の根本となるのです.

アクティブな英語学習の根本は,他人が最大公約数的

に設定した客観ではなくあくまで自分の主観です．それは変えようのない，世界で唯一の自分の個性(Identity)です．何かを感じる時，何かを行う時，英語を学ぶ時，「他人と比べてどうか？」と問うことをやめましょう．自分の個性は履歴書や数値にはならないものです．他人が作った自分のイメージに自分を合わせるのではなく，あくまで自分の思いと感覚を主役にして自分だけの英語を作ってゆきます．

さまざまな経験を積むにつれて英語も成長していくようにしたいものです．そうして練り上げた英語は，滑らかな，切れ味鋭いものとなります．英語を使うという行為は，それだけで個性を主張してくれます．自分の存在する意味を自分で決める作業とも言えるのです．ほんとうの自分はたった一つしかないものです．死ぬまで，そして死んでも自分自身は変わらない．

1億3000万人のなかで短距離走で一番になるのは難しいけれど，表現や話し方は常に自分が一番なのです．それは声の質，口ぐせ，よく使う表現，立ち居振る舞い，顔立ち，身長体形，などなどと同じでまったく同じ人は存在しないということです．

うれしいことも悲しいことも，成功も失敗もすべては自分の個性を作り上げ，魅力を増すために存在します．ネガティブな出来事や経験も，それを英語で表現できるようにしてポジティブなものにしてしまいましょう．失敗の経験などは，簡単に言うと話すネタが増えているわ

けですね．面白い話をしてくれる人はどこの国でも好かれるものです．

No one ever died of embarrassment!
恥かいてナンボや!!
恥ずかしくて死んだ人なんていない．

行き詰まったら音読してくださいね．

👍 自分が主人公，主観がすべて!!

アイデンティティ＝Identity．日本語にしにくい難しい単語です．よくアイデンティティを持て，ということが言われます．「日本人のアイデンティティ」など，それが日本の伝統文化であるとか，日本的なこと，日本人らしさとして使われているように思われますが，実はアイデンティティというのは特別なことではありません．それぞれ一人一人が経験したことすべてがアイデンティティです．

自分が何が好きで，どんなことを考えているか，それに目を向けていけば自分のことがわかってきます．それ自体がアイデンティティです．

「何か」を持っていることも，持っていないことも，個性だと言えます．

アイデンティティとは，履歴書に書くような学歴や資格でもなければ，自分以外の他人が決めたものでもありません．むしろ履歴書に書かれていない自分の気持ちや

心を大切にしてみましょう．自分とはどのような人なのでしょうか？ そこが英語で一番最初に表現できるようになるべきコア(core)となります．

まず一番は，自分がどういう人間かわかっていること．自分の核(コア)がどこにあるかを知ること．そうすれば誰かに何かを言われても揺らぐことはないし．いえ，たまには揺らいでもよいでしょう，でも少しぐらいグラつかされても倒れないし，自分を他人と比べなくてもよくなります．

「自分って実はどんな人？」とまずは問うことから世界は始まるのです．自分という個人とはどんな人なのか，何を思い感じているのかを深く知り，言葉にすることが，最も最小単位の，そして最も大切な Identity を確立する近道です．

これは自分の心の中にあるものを切り出す方法を増やしていくイメージです．すでに自分の中にあるものを少しずつ写真みたいに切りとってゆく，あくまで自分を主人公にして….

住む町の車窓からの穏やかな風景．よくみると小さな発見は日常の穏やかな情景の中にも，自分が感想を持つことができる主体である限り，無数にあります．宝箱みたいにある．本当にたくさんある．綺麗，楽しい…物事が語りかけてきてくれるような感じもしますね(これは無生物主語：モノにはすべて人格がある，に通じますね)．そんな自分のごく日常の気持ちを英語で表現しよ

うとつとめると，英語でも my identity が作られる．そうなればことさらに「私のアイデンティティは〇〇です！」と声高に訴えなくても，自然に言葉に自分らしさが映されてゆく．そうして心に柔らかにしみこませた英語は決してみなさんから逃げないし，そうして確立したアイデンティティは揺るがない．

アイデンティティとは，言い換えると自分は何を経験し，何を感じ考え，そしてどんな人かがわかっていることなんです．これっていままで私がお話ししてきた「自分を主人公にし，物事には常に感想を持つこと」という英語の学びかたと相通ずるものがありますよね．ほぼ同じと言えるかもしれません．何を食べ，どう育ち，物事に対しどう感じて生きているか？ 国籍や民族も大切ですがその前に，Do you know who you are? と自分に聞いてみよう．

⇒Do you really know who you are ?
⇒Do you really know how you live your life ?
⇒Do you really know what you do ?
⇒Do you really know the way you are ?
⇒Do you really know how you feel about things ?

関係詞と基本動詞を使うほど，自分も含めた人のありようが鮮明に，生きたものとして見えてきます．多くの人の心に響く言葉はみんなこのような言葉たちから成り

立っているのです．物心つく頃の小さな子供たち，恋愛したり悩みながら生きている若い人たち，そして長く人生を生きてきた老夫婦のやり取りも最後は平等にここに行きつくのです．

　ロボットや自動翻訳がどんなに発達し，無限のボキャブラリーを持っていたとしても私たちはこれらの言葉と共に人間同士で心を伝えあっていくようになっています．

　決して数の多くない，でも大事なこの言葉たちから多くのことを学び取っていきましょう．

　Less is more. といったところでしょうか．

ことばの感覚をとらえる 3
個性とはなにか？

冒頭でも書きましたが，私は武道や格闘技に打ち込んでいた時期があります（実はいまも大好きで練習は欠かしません）．当時，私は前田日明という格闘家にあこがれ，またその師匠であったカール・ゴッチという格闘家に心酔していました．彼はアマチュア時代はレスリングでオリンピアン（オリンピック出場選手）にまでなっていた猛者です．ただ，彼の左手には小指がありませんでした．そして薬指も不自由でした．若い時に不慮の事故で失ってしまったのです．ところがどうでしょう．彼はレスリングを捨てることなく入賞こそしていないもののベルギー代表としてオリンピックで世界中からの選り抜きの猛者を相手に正々堂々と戦ってのけたのです．

諦めなかった理由を知りたくなった私は，その理由をついにある本で発見することになります．彼の心の支えとなった人物とは？

その名はジャンゴ・ラインハルト．ゴッチと同じベルギー生まれで歴史に名を刻む，伝説的ギタリストです．

彼もまた指に障害がありました．彼は 18 歳の頃，火事の火を消そうとして半身に大やけどを負い，右足は麻痺し，何よりギタリストとして致命的だったのは，左手の小指と薬指に障害が残ってしまったのです．医師にも二度とギターは無理，と告げられたのです．彼はその後ギターを捨てたのでしょうか？

その答えはまったく正反対のものでした．ジャンゴは気の遠くなるような猛練習と独自の工夫によって誰もがまねでき

ない奏法を創造し，歴史に残るギタリストとなったのです．

　何か物事が自分に降りかかった時，それに対して何を感じどう反応するかは人によって違うでしょう．しかし，困難に見舞われた時こそが自分の「アイデンティティ」を発見し，また作り出すときのように私には感じられます．

　このプロセス(過程)が character-building (個性を創り上げること)なのですね．楽器演奏でも，運動でも，そして英語学習でも誰にだって何らかの制約はあるものです．それが開始した年齢であったり，自分の母国語であったり，シャイな性格であったり，忙しくて勉強時間が取れないことであったり….

　きっと人の数だけ困難の種類があると思います．しかし例えばこのジャンゴの指が演奏時に2本しか使えないという制約に比べたらそれらの多くはきっと大したものではないでしょう．最終的に彼は指が2本しか使えないことを逆手に取り，誰も真似のできない演奏スタイルという境地にたどり着きます．しかもジャンゴのギターはギター界で最も抒情的と評され，現代の多くのギタリストたちの奏法に大きな影響を与えているのです．

　ハンディを乗り越え，あまつさえそれを工夫と練習によって武器に変え，独自のスタイルをつくりだしたジャンゴは，私たちに英語学習がどうあるべきか，を教えてくれます．夢をあきらめず，ただよりよく学び，自分の思いを人に伝えられることを願い，工夫を重ねる気持ちなのです．それは現実の世界という舞台で，確かに自分自身が主人公だと実感させてくれます．

　私の尊敬するカール・ゴッチもまたジャンゴの存在を知り，格闘技の世界で伝説となりました．

ことばの感覚をとらえる **4**
自動翻訳機との対決？

　ここ数年将棋やチェスの世界ではコンピューターソフトウェアと人間のチャンピオンたちの対局が話題となっています．またスポーツの世界でも卓球の世界チャンピオンが卓球ロボットに大苦戦したりもしています．特に最近は人間側が負けることが増えているとのことです．

　このような時代になって私がよく受ける質問の一つが「近い将来あなたの仕事はなくなってしまうのではないですか？」「通訳者なんていらなくなってしまうのではないでしょうか？」というものです．

　現在の技術進化のスピードを見ていると，20年後には自動翻訳が完成していると言われています（ただしこれは何十年も前から言われていることですが…）．けれども，言葉とはあくまで人間の気持ちをダイレクトに表現するものです．機械がほぼ完ぺきな精度で人間の情緒を翻訳するとしたら，人間の感情を理解する能力が必要になると思います．そうなると，その機械は最終的には自我を持たなければならなくなる．

　すると何が起こるのでしょうか？　おそらくですが，その機械は（身体や遺伝子も含めて）本物の人間にはなれない，と絶望して自己崩壊してしまうという気がします．

　これにはいろいろな意見があるかとは思いますが，私は個人的には通訳の仕事はなくならないと考えています．通訳者は取引先との人間関係や利害関係もすべて含めて採用されます．機械に政治的な意図や組織の間の軋轢が理解できるのでしょうか？　果たして人間はロボットと「人間関

係」を作ることはできるのでしょうか？

　どちらかと言うと，人間と機械が助け合う時代が来るだけ，と私は考えます．機械には機械が得意とする通訳があるでしょうし，人間にしかできない通訳があることでしょう．ただ英語を習得するにあたって，大事なのは私も含めて人間は疲労もすれば傷つきもする，機械にはそれがない．それが果たしてリアルな感情と言えるのか，ということです．

　知識や語彙が多ければ多いほど良い，というのでは人間には近づけない．言葉は武道と同じで，あくまで人間同士の技術．身体ともつながっています．

　言い換えれば一流のスポーツ選手がロボットと対戦して負けても，最強の格闘家がダンプにひかれてケガしても恥じゃない．おそらくソフトウェアは今後どんどん情報量や語彙では人間に勝っていくことでしょう．それは間違いありません．

　しかし，人間の個性とは不完全さも含めて完全なものとなるのです．お互いの長所も短所も認め理解しながら言葉を通してつながり合っていきます．本当の信頼関係は人間同士でしか作られないのかもしれません．ロボットと人間は敵対ではなく，助け合うようになると信じます．

　機械には成し遂げられない不完全な完全さを大切にして自分の英語を追求しましょう．

　英語で機械に惚れられるような英語の使い手になりましょう．主人公はあくまで自分自身で，機械はその脇役でしかありません．そして人類の脇役でしかありません．言葉の使いかたは，個性そのもの！　みんな等しく，一長一短なのですね．

3章

4技能を身につけるための使える技法群と練習法

パワー音読(POD)とは？

👉 パワー音読の6つのステップ

　音読が大切であることはさまざまなところで指摘されています．そして「音読をやりなさい」と言われることも，この本を読んでくれている読者のみなさんなら多々あったと思います．でも，音読で真に効果の現れる方法って，具体的にはどんな方法なのでしょう？　実はいままであるようでなかったのではないかと思うのです．

　どんな英文を，どのくらい，どうやって音読すればいいのかわからず，やみくもに練習しても，それは「練習しただけ」になってしまいます．でも，正しくやれば大変効果的です．それが，私が自分の経験のなかから作り出したパワー音読(POD)という方法です．

　パワー音読では「感情(emotion)」，「スピード(speed)」，「反復(repetition)」，「集中(concentration)」という4つの力(power)を利用して音読を行います．

　具体的に踏むのは次の6つのステップです．

1　チャンク(chunk)音読：まとまりごとにとらえて

　音読をする文を，意味のまとまりごとにとらえて読むことです．英語は複雑に見える長い文でも，基本的にはA is B か A does B のふたつの型のどちらかです．文のなかのA(主語)にあたるのは，どこからどこまでかを読

み取り，それを「1語」として一気に読みます．同じように B はどの単語からどの単語までかを意識してそれを「1語」として意識しながら読みます．

2　ノーマル(normal)音読：一つ一つ確認しながら

一つ一つの単語の意味や発音を確認しながらふつうのスピードで読みます．

3　ささやき音読：すべての子音をごっそり頂く！

10メートル先に立っている友達に全力でないしょ話する感じです．声を使わずに，息だけで強く口に出します．要するに子音しか使えない状態を作り，全力でやればすべての子音が一気に強化できるということなんです．

このないしょ話で使っているささやきというのは，意外なほどとても遠くまで届きます．よく電車のなかなどで少し離れた場所にいる外国人の話している会話が耳に入ってくることがあるでしょう？　これは子音の発音がしっかりしているからなのです．

一般に日本人の話す英語では子音がうまく発音できないことが指摘されますが，ささやき音読で子音を強調しながら読むトレーニングを続けることによって，楽に発音できるようになるのです．そして，聞き手にとってはわかりやすく，思いやりに満ちた話し方ができるようになるんです．

4　和訳音読：自分らしい日本語で

　英文の内容を和訳して日本語で読みます．直訳でなくても，少し自分でアレンジした日本語でかまいません．「自分だったら日本語でこういうだろうな」と想像してみるとよいでしょう．自分らしい日本語で読めば，当然感情や思いが格段に乗せやすくなります．また，文の意味がとてもよくわかります．ここでつかんだ気持ちや感覚が次のステップ，「感情音読」で威力を発揮します．

5　感情音読：英文と自分の感情を一致させる

　4の「和訳音読」で感情をこめて読んだ文を，今度は英語で読みます．すでに自分の感情と文を一致させて日本語で読んでいますから，その気持ちを，今度は英文に込めて読みます．うれしそうに読んだり，悲しそうに読んだり，悔しそうに読んだり…．いろいろな感情を込めて読んでみましょう．イントネーションやアクセントに注意して，それを強調し，トーンやスピードを変えたりしながら，より強く自分の感情を表せるように読むことがポイントです．色々なパターンを思いついては試していきます．

　自分の中に眠る様々な感情や話し方を見つけ，呼び覚ましていきます．気がつけば，顔には自然に表情が表れ，ジェスチャーも出てきていると思います．それって，全部英語を通してできているんです！

6 タイムアタック音読

スピードアップして，なるべく速く英文を読みます．まずは噛んでしまうまでスピードを上げ，その後，噛む寸前のスピードに落として練習します．

それを何度もくり返します．早口で英語をしゃべるのは難しいようにも感じますが，実は慣れてしまえばゆっくりと話すよりもずっと楽なのです．日本語で話す時も，ゆっくり話すとかえってイライラしてしまうでしょ？スピードアップして筋トレのようにくり返すことで，英文を脳の中にしみこませるのです．

タイムは初めのうちはどんどん伸びて，その後頭打ちになるでしょう．ここ最近の私のタイムアタック音読は1分あたり300〜360語くらいです．

この6つのステップを，それぞれ1〜3分程度ずつ行います．全体で約15分ほどです．限られた時間で集中して特訓することで，日英変換力，反射力，発音など英語の流暢さに必要なすべての要素を磨くことができるのです．

パワー音読のテキストにする文章は，自分の好きなテーマで，自分の感情にフィットする表現が含まれている文章を選びます．長い文章である必要はありません．1回に1〜3分程度，分量は短く，回数多くがコツです．

くり返しているうちに，日本語が頭の中からなくなり，英語と直接イメージがつながるようになればOK．

未来の自分が思い，話す英語もここから生まれてくるわけです．つまり，パワー音読は「経験の先取り」「未来の自分との対話」ということができます．これから何年，何十年とある人生の多くをいまやる音読が支えてくれるわけです．

☞ 反復練習で英語を「自動化」する

　パワー音読の極意の一つが「分量を減らし，回数を増やす」ということです．音読 100 回というとすごいと思われるかもしれません．でも 20 語ほどの短い文ならどうでしょう？　くり返し読むことによって，脳のシワに，狭く，深く，刻み込んでいくイメージです．一つ一つの単語ではなくて，「システム」を刻み込むのです．

　「分量を減らし，回数を増やす」ことによって，英語の「システム」自体を記憶すると，たとえ単語を忘れても流暢に対応できるという現象が起こります．

　大事なのは英語のシステム・骨組みを残すこと．細部は忘れても気にしないという感じで暗記の負担によるストレスを減らしています．これを，「自動化」と呼んでいます．

　英文は，回数をこなすために短めに…．付け加えるより，そぎ落とすイメージです．短い英文に，可能な限りの情緒を込めて読むのです．

　もしあなたが部活で運動部に入っているなら，反復練習の先に上達が待っている，ということを身体で知って

いるのではないでしょうか．

　ふだん行っている，歩いたり，自転車に乗ったり，箸を使ったり，という地味な動作は実はすべて反復練習によって得られたものなのです．ただあまりに自由自在になりすぎて当たり前になっているだけなんです．

　それと同じで英語も文法的に正しいものを何度も深くくり返すことで，文法ミスは確実に減っていきます．「わかる」と「できる」がオーバーラップしてくのはとびきり気持ちのいいものです．わかるのにミスをするのは本当に心に負担になりますから．

　音読では「興味と情緒」が決め手です．興味があるから自然に回数が増え，英語が自動化します．そうしているうちに，自然に速読となっていきます．狙うは「考える英語」だけではなく，その先にある「考えない英語」です．

　音読をくり返す時，感情は少しずつ変化していますから，よく似ているけど少しずつ違っている「心の中の風景」を重ねて音読していくほどうまくなります．おなじ回数をかけるなら密度と変化のある反復を重視します．

　回数を重ねるほど増えるのが，「言葉にできない暗黙知」です．過去の記憶や経験も，いまの情緒も言葉と結びつきます．しかも強固に，複雑に，からみ合って，とれなくなる．寝る前 15 分間のパワー音読で，自分との真剣勝負をしてみてください．そして眠って見る夢が英語になれば，それは素晴らしい体験です．

英語の「システム」を身体に取り込む

☞ A is B, A does B

英語は突き詰めると

　A is B　　　誰(何)が，どのような状態である．
　A does B　　誰(何)が，どうする．

という構造でしかありません．ここが日本語との最大の違いです．このAとBのかたまりを認識することができれば，どんな単語数の多い長文でも恐れることはありません．

Bの名詞節を文の後ろから順番に読んでいると，集中力と時間を使いきってしまい，話すための余裕が残せません．これは語彙を増やしても，決して解決しないのです．

実は，通訳者やネイティブはどんなに長くても名詞節を1語として処理しています．たとえば，AはA, BはBという1語で認識しているのです．

要するに，後ろからふりかえって5語とか10語を1語ずつ解読する代わりに，彼らは先頭から1語(ひとつの節のかたまり chunk)だけを見ている感覚なのです．これは練習により，短期間で手に入る能力です．ぜひこの「システム」をインストールしましょう．

システムさえ理解してしまえば，語彙の肉付けは後でいくらでもできるようになります．

ではこのAはA，BはBという「1語」認識能力はどうしたら習得できるのでしょうか？
　有効なのは関係詞「what」と「how」で感覚をつかむことです．
　　This is a pen(A is B)
　　I study English(A does B)
　この骨格にwhatとhowを使った名詞節を織り込んでみます．whatやhow以下の名詞節を1語ととらえて読んでみてください．

☞ 関係詞 What と How：「一語認識システム」のインストール

What, How以下の文を1語(名詞節)として考えます．

たとえば，
- **WHAT** he's talking about　彼の言ってること
- **WHAT** I should do　　　　やるべきこと
- **WHAT** I can do　　　　　　自分がいまできること
- **WHAT** I can't do　　　　　できないこと
- **WHAT** happened to her　　(彼女に)起こったこと
- **WHAT** it is　　　　　　　　(それが)何であるか
　　　　　　　　　　　　　　→どのようなものであるか

	→本質
• **WHAT** it takes	（それが）必要とするもの
	→必要なもの
	→資質・才能
• **WHAT** it's like	（それが）何のようであるか
	→どのような物・事であるか
• **HOW** serious I can be	どれだけ真剣になれるか

このように考えると，What, How 以下の名詞節は 1 語として読めます．

POD 例文

I (do) understand what my teacher was talking about.

Now I may not have what it takes to be an English interpreter.

But I'm going to pursue my dream anyway,

because that's what I really want to do with my life.

I'm not sure what the future holds for me,

but I don't want to let other people decide what I can do and what I can't do.

I believe hard work will pay off in the end.

It just depends on how serious I can be.

◆例文 1

I (do) understand what my teacher was talking about.

この文を「A does B」としてシンプルなかたちとして考えると「A」は〈I〉,「does」にあたるのが〈understand〉,「B」が〈what my teacher was talking about〉になります.

A〈I〉+does〈understand〉+B〈what my teacher was talking about〉
私は＋理解する＋先生の言っていること
→先生の言っていることはわかる.

◆例文 2

Now I may not have what it takes to be an English interpreter.

少し,複雑な文になりますが,これも「A does B」として考えます.

A〈I〉+does〈may not have〉+B〈what it takes to be an English interpreter〉
私は＋持っていないかもしれない＋英語通訳になる才能
→いまは英語の通訳になるのはむつかしいかもしれ

ない.

◆例文3

That's what I really want to do with my life.
A⟨that⟩＋⟨is⟩＋B⟨what I really want to do with my life⟩
それは＋である＋自分が人生で本当にやりたいこと
→それは本当にやりたいこと.

⟨I'm not sure what the future holds for me,⟩以下の文も上のように A is B, A dose B の形にして，関係詞以下を1語として読んでみてください．

「関係詞」をうまく使いこなせるようになると，英語の「呼吸」がわかって「空気」が読めるようになります．英語を楽しく伸ばしてくれるのが関係詞．強力な会話のテコです．

たとえば，関係詞 what を今日は30回は使うぞと決めると会話力の伸びは止められなくなります．チャットでの会話でも同じく有効です．

そしてまたこの関係詞はみなさん一人一人の identity を描き出すための最も有効な表現に直結しています．

Who, What, How は相手のことを知るために発する「あなたってどんな人？」と問う疑問文にもなりえます．視点を変えこれらを関係詞として使用することは「私とはこんな人です」と自分のあり方を相手に伝える手段と

なります.

> Who you are...
> How you feel...
> What you think
> What's important to you
> What you choose to do/to be

　これらが，物心つく頃からずっとお世話になる話す英語の重要な部分を占めています.

　使用することにより，結果として相手の心に響きやすい本音(ほんね)の会話が格段にやりやすくなります.

　映画やドラマのスクリプトを見ると，本音に迫るシーンほど関係詞の出てくる頻度が高まっています．使いまわすことで，気がつけばコミュニケーション上手になっているものです.

基本動詞

　基本動詞とは，have, make, get, take, do など，基本的な動作を表す動詞です．これらの基本動詞はさまざまな場面で使えますから自由に使いまわしできるようにしましょう.

　特に，基本動詞の中で，中学で勉強する「不規則動詞」はまさにふだん着の英語です．そのパワーははかり知れません．なぜなら，口に出しやすくするため，不規

則になっているからです．ですからそんな動詞に心を向けてみましょう．実は，映画の聞き取りにくいセリフも，こんなところにからくりがあるのです．

基本動詞を使いこなせるようになると，たとえ何かの単語を忘れても，この動詞でたいていのことは説明できるようになります．

(公式)
難しい言葉＝主語＋動詞　に因数分解！

☞ 前置詞

前置詞とは in, on, to, at, for, from など，場所や時間，方法，理由などを表す言葉です．これらの前置詞は基本動詞(特に不規則変化の do, have, take, give, get, put make など)と組み合わされて日常会話(本音の会話)の大半を占めています．

また，名詞や動詞，副詞は比較的ゆっくりはっきりと発音されるのに比べ，これらは多くの場合，弱く，短く発音されます．それを知っていると，聞き取りがそれだけでよくなります．ですから，音読する時は前置詞を短く発音することを心がけます．長くはっきりと発音されると思っていると音でキャッチができなくなります．逆に言えば，短く発音する練習によってしっかりと聞き取ることができるようになるわけです．

例えば,
　for me は「フォー・ミー」ではなく「フォ**ミィー**」
　to you は「トゥー・ユー」ではなく「トゥ**ユー**」
　on it は「オン・イット」ではなく「**ア**ネッ」
のような感じになります.

　関係詞,基本動詞,前置詞はすべての情緒を心の中で動画に変える重要なポイントです.だから,これを使いこなせるように最優先でやりましょう.教科書や問題集にある「基本動詞＋前置詞」の「イディオム」は本音の会話の中核となります.ゆえに速く,不明瞭に発音されがちな「知っているのに聞き取れない」英語の代表格.徹底的に音読(POD)を！

英語と心をつなぐ，思う力の極意と「瞬発力」

☞ 1日10万回の思う回路と英語をつなぐ

「思う」という行為は心の中で無意識に，瞬間的に起こります．一説によれば，人は，1日10万回ほども何かを「思って」いるそうです．「考える」手前の，もう一段深く心とつながっているのが「思う」ことです．

その回路と英語をつないでいくことによって，1日何千回，何万回と英語で思うことができるようになります．

そのためには，まず，基本的な音読によって深く身体のなかに「システム」をインストールします．自分の気持ちや感情と英語をつないで，取れなくなるようにするんです．そうすれば英語が自分の気持ちと一体となり，自然に英語が出てくるようになります．英語が使いやすくなるにしたがって，まるでお腹がすいた時になにかを食べたくなるのと同じように，より多くの英語に触れたくなってきます．

そうなると，受身(passive)に学んでいた英語が，能動的(active)な習慣に変わります．モチベーションが上がれば自然に語彙も増え，発音練習にも意欲をもって取り組めるようになります．

この10万回を英語に置き換えてみたら，どれだけすごい勉強量になるでしょう．しかもあくまで勉強していると意識はせずに，無意識の状態でも日本語と英語のエ

ンジンがかかりっぱなしになった状態になるのです．

　英語で思うことには大きく分けて2つの世界があります．1つは「心の中から出てくる世界」．2つ目は「目に見える世界」．
　自分の心の中の思い，気持ち，不安，希望を表現するのが，I wonder if/what〜（〜かなぁ）．
　what〜「何かなぁ」，when〜「いつかなぁ」，where〜「どこかなぁ」，which〜「どちらかなぁ」，why〜「なぜかなぁ」，if/whether「〜だろうか」(if には or/or not がつかない．If の方が whether よりくだけた表現)．

　思う「I wonder〜」という表現のほかに，見(え)る「I see 人・物 〜ing」という表現も言ってみてください．思う回数は1日に約10万回．その3割でも英語でできればすごいことになるわけです．

　以下に使いやすい例文をいくつか紹介します．どれもそれほど難しい表現ではありません．これを参考に，自分なりの I wonder〜 や I see 〜ing を見つけてみてください．それが自分の「ふだん着の英語」になっていきます．書いてみるとそれはすぐに自分の気持ちをダイレクトに表す日記となります．

👉 I wonder if/what

I wonder if I locked the door.
I wonder if he/she likes me.
I wonder if I can make it.
I wonder if I can pass it.
I wonder if it will go well.
I wonder if everything is all right.
I wonder if he/she's doing okay.

I wonder what happened to him/her.
I wonder what I should do.
I wonder what they want.
I wonder what's happening.

I wonder if she knows "it".
I wonder if I turned off the air conditioner.
I wonder if I took in my laundry.
I wonder if he'll like the way I'm dressed today.
I wonder how she feels about me.

👉 I see 人・物 ~ing

I see my book sitting on the desk.
I see the teacher trying too hard.

I see my friend falling asleep.
I see a man walking out of the classroom.
I see my other classmates practicing really hard.
I see the teacher trying hard, perhaps too hard.
I see my friend sneaking a bite of his lunch.

　これらを常に自分の中で唱えているうちに,気がつくと,I wonder〜,I see 〜ing はあなたの一部になっているはずです.

スピードをつける！

👉 話す速さと聞く速さ

　速い英語って敷居が高そう…，ですね．でも，パワー音読では，スピードを強調したい．話すスピードが速ければ，ほかのすべての技能に余裕が生まれるからです．だから，リスニングも同時通訳も可能になります．

　スピードを身につけるためには，パワー音読の「ステップ6」をくり返し練習して，ガンガン高速でいきましょう．そして時々減速して，意味と内容をイメージするとその効果は最大となります．実は長文読解のスピードと正確性を上げる極意でもあります．

　無理に速さを追求すると心地悪く聞こえて，相手にとっても聞き取りにくいものになりますが，効率と滑らかさを追求した結果としての速さには力みがなく，聞いていて快適です．

👉 思いつくスピードは本当に大切！

　もう一つ重要なスピードがあります．話す速さではなく「思いつく」速さのことです．

　話すスピード(Fast)の大切さについては意識されやすいかもしれませんが，それよりずっと重要なのが思いつく速さ(Quick)の概念なのです．

どんなにしゃべる(もしくは練習で音読する)スピードが速くても,しゃべる内容を「思いつく」ことがなかったら,当然話すことはできません.コミュニケーションが成立しなくなってしまいます.会話をつなげるためには,瞬間的に常に物事には感想をもつこと.難しいことでなくてもまずは直感的に何か感じたことを日本語で言えることが大切です.それが将来自らが話す英語の内容になるのですから.

　英語学習では論理的思考が大切と言われますし,そこに異論はありません.大事なことです.しかしまずやるべきことは論理的に考えるよりも自分で感じ,思うこと,そしてそれを言葉にすることなのです.ここを飛ばすと,(私がそうであったように)後が大変です.

　英語のネイティブスピーカーでも当然,論理的な人もいれば,逆に情緒的な人もいます.けれども,まず〈英語で「思う」力〉があって,それを早く言葉にできる力を養うこと.それがあってはじめて英語での論理的思考も速く滑らかに行うことができるようになるのです.自分が感じ,思い,無意識に口に出していることからとらえていきましょう.実は非常に高度な語彙や読解力,または英語資格のスコアがありながらもこの「瞬発力」不足を課題としている人は多いです.この「瞬発力」の課題がクリアされることにより,非英語圏の英語力において,日本は勢力図を書きかえることができると思います.

👉 自動化で240倍の実力差！

　会話をしている時に，一つの英文を発するのに0.5秒で始まるのと，頭の中での「翻訳」に1分かかってから話し始めるのとでは，単純計算で120倍，2分だったら120÷0.5＝240倍の差があることになります．ここに英語の「自動化」の大切さがあるのです．

　想像してみてください．たとえば15分のパワー音読トレーニングで，

―― リーディングのスピードが3倍から5倍以上になって時間切れが気にならなくなる．

―― リスニングは話し手の言葉がスローモーションのように聞こえ，安心して回答できる．

――英文を読むことが日本語を読むように感覚的に捉えられるようになる．絶対音感ならぬ絶対語感と呼べるかもしれない．

――一番頻度が高い行動で自動化インストールをしてみよう．それは英語で思う力「I wonder〜」を身につけることです．人はみな話す前に必ず何かを思っている．そして一人でいる時も常に言語を脳に配列して思い，考えている．

途切れなく話すための「,(カンマ) which」

👉 途切れなく話すコツをつかむ

「, which」は,「そしてそれが」,もしくは「そしてそれを」という訳で最初は覚えておきましょう.短い文をどんどんつぎ足しながら途切れなく話すことができるようになります.

大切なのは「難しい構文で一文が長い英語を話す方が高級だ」という思い込みを捨てることです.よく観察すればそのようなタイプの複雑な英文はあくまで書き言葉での主役たちです.

日本語でも新聞の社説のような話し方はしませんね? 読んでから,話し言葉に変換しているものです.まずは音読によってベーシックな〈英語で「思う」力〉を手に入れましょう.

思い,話せるようになった人は,必ずより深く,速く,精密に読める能力を身につけることができます.その逆,すなわち黙読だけでは4技能は決して手に入らないのです.

まずは,思い,話せるようになりましょう!

「, which」のトレーニング

I went to Kobe the other day and met my old friends, **which was** a great time <u>because</u> we had such a nice conversation, **which I want to do again sometime soon, which could be** pretty difficult though <u>as</u> my job usually doesn't allow me to do it, **which** I hate.

(和訳)

この前神戸に行って昔からの友達に会ったんだけど，**それが**すっごく楽しかったんだ，<u>っていうのも</u>話してほんとに楽しくて，**そしてそれを**またやりたいんだ…**そしてそれが**結構難しくはあるんだけど，<u>っていうのも</u>仕事の方が許さなくてね，**それが**嫌なんだけど．

☆理由を表す because/as は「っていうのも，っていうのは」と訳しましょう．感情をこめて音読をすることによって，瞬間的に先頭から処理できるようになります．

👉 現実的な「戦う技術」としての「, which」

会話や議論で相手の早口に押しまくられることもあるかもしれません．そんな時にも「, which」の技は役に立ってくれます．相手が話している文章全体を受けて（すなわち先行詞として），こちらが途中から「, which」と言って引き継ぐことで，相手の文を盗み取ってしまえばいいのです．

例えば

…(相手の話している内容)…, (ここから自分)which

I think is great because〜(そうだよね．だってそれは〜だから)

と入りこむ．または，相手にさんざん喋らせた後，「, which」で主導権を奪い，その後に

There are a few reasons,
　　　first..., second..., third...

とつないでこちらの考えを列挙して効果的に証明します．この方法だと，うまくいけば気がついたら相手はこちらの意見に説得されていることになります．

　これは何でもかんでもポジティブにできる魔法の例文です．（先行詞は耳にした嫌なこと何でも！）

　——, which makes me try harder to make it better for the next time.

相手の心を開きつかむ「the way」

👉 会話のスタート

　会話をいざやってみるとまず最初の関門となるのが，会話自体をスタートすることです．少し打ちとけると互いにリラックスし，何とかなるものです．ただ，特に初対面の人と話すとなるとハードルが上がってしまいます．ではどうすればよいのでしょうか？

　答えは「The way」を使うこと．相手のいい部分を見つけて，the way で褒めてしまえばいいのです．気持ちをどんどん伝えてゆきましょう．

　　I like the way you dress. と言えば，服の着方が好きです⇒おしゃれですね！となるわけです．
　　声や話し方が好きなら　I like the way you sound. もしくは I like the way you talk.
　　意見や考え方が好きなら　I like the way you think. や I like the way you look at things.
　　また，I like the way your mind works. と無生物主語を使うこともできます．

　また逆に like ではなく don't like や hate を使うと「～が好きじゃない，嫌いだ」という気持ちが表現できます．テレビや動画を見ながら気がつけばひとり言として言っ

ているタイプの表現ですね．口に出さなくても心の中で思えるように，音読してゆきましょう！

誰かとペアになって相手の目を見つめながら，like/love/don't like/hate 等を使って交代で英文を言い合ってみましょう．感情と英語が一気につながる感覚が楽しめます．動詞の部分を強く言うとよいですよ．

The way トレーニング

目的１：相手のよいところに言及して，会話の取っかかりを作ります．
目的２：心理的に使いにくい like（好き）が出せるようにする．
目的３：手っ取り早くスピードとリズムに慣れる．

I like the way you talk.
I like the way you sound.
I like the way you walk.
I like the way you look.
I like the way you dress.
I like the way you write.
...I mean...I like the way you **ARE**!!

☆アレンジして，
I **LOVE** the way....
I **DON'T** like the way....

I **HATE** the way....
もやっておきましょう.

英語らしさとは?:英語の「センス」のインストール

☞ 意外に言えない英語

「意外に言えない英語」ってどんな英語だと思いますか? それは,知っているのに思いつきにくい言葉の組み合わせやパターンのこと.言い換えると,「文化や心理的に無意識に使いにくくなっているもの」や「もともと日本語の文法のシステムと相性が悪いシステム構造」なんです.

例えば無生物主語で,「状況の It」「世の中/物事/色々の things」など.他にも,「as~as」,心理的に使いにくい「use/like」,発想的に出にくい「enjoy」,言いにくい「less(more は言えても)」,などがあります.

理解できても口に出せないパターンをマスターし,日本人英語の壁を破りたいものです.

☞ 「I」と無生物主語

I から始まる英語に慣れたらさらに一歩進んで無生物主語を使ってみましょう.「I」と同じようにモノにはすべて人格がある,と考えます.私たちは英語を書いたり話したりする時,つい「私は~された」というように人を主語にして,be 動詞,受動態を使うかたちに陥りがちですが,無生物主語や「It」を使いこなすと,そんな

be 動詞,受動態癖から解き放たれて,一気に英語が話しやすくなります.

　主語と目的語を入れ替えて無生物主語にすると,一般動詞が増えて be 動詞が減る！ 初めから無生物主語ばかりの例文で濃縮して,一気に日本語発想をアンインストール！ その英語システムを身体にインストールしてしまいましょう.

例文

　英語をもっと流暢に話したいけどいまの生活じゃどうにもならないよ.
→My English を主語にして,

My English doesn't come out naturally, but the situation doesn't allow me to work on it.

　同じように,次の文章を無生物主語を使った英文にするとどうなるでしょう.

　部活に時間とられて英語の勉強もできないし,好きなこともできない.
→My club activities を主語に

　しかも彼女に振られるなんて
→my romance を主語に

人生最悪だよ．
→Life を主語に

英語が本当に好きなんだけれど，思い通りにならないよ．
→English を主語に

まぁ，コーヒーとスイーツがあるからいいんだけれどね！
→Coffee and sweets を主語に

時間はどんどん経っちゃうけれど
→Life を主語に

まぁ，あとちょっとくらいいいよね．（でも「状況」はまだ待ってくれる）
→主語がない時は「It」を主語にする．

いままでもこんな感じだったしね．
→My experience を主語に

解答例

My club activities keep me away from English and my hobbies.
Besides, **my romance** is over now.
Life does not treat me nicely.

English likes me, but it doesn't speak to me yet.

Maybe **English** just hates me.

Coffee and sweets keep me happy anyway.

Life moves very fast, but I guess **it** can still wait...

My experience tells me so.

　ふだんから無生物主語を使い慣れていないとなかなか思いつかない文かもしれません．そして無生物主語を使うと，不思議と詩的に聞こえてきます．もしくはちょっとキザに聞こえるかもしれません．この違和感は日本語と英語の発想の違いを伝えてくれているのです．

　無生物主語を使うことを意識していくと，いずれ自分の中で自然に組み立てられるようになっていきます．そうすれば英語がもっと自由に，楽に使えるようになります．

　無生物主語だけを徹底的に濃縮して音読すると，ふだんからそこに意識が向くようになります．すなわち，最も日本語とかけ離れた英語的発想が自然に身体に補給される体質になっていくんです．それを私は「センス」と呼んでいます．英語のセンスは生まれもつものではなく，あくまで自分の意思で手に入れられるものなのです．

　慣れてきたら，「今日一日，無生物主語と一般動詞だけ使って生きてみよう」といった目標を作ってみるのも

楽しいですよ．チャットやメール，または日記の中だけでもいいのです．日本にいながらにして，英語の感覚はいくらでも手に入るのです！

英語らしいセンスをインストールし，以下の盲点に一気に習熟する英文を載せておきます．

「意外に言えない英語」まとめ
- 状況の It
- as〜as　〜と同じくらい／not as〜as　〜ほどじゃない
- 世の中／物事／色々の things
- 心理的に使いにくい use/like
- 発想的に出にくい enjoy
- (more は言えても) 言いにくい less

I feel **less and less** stressed in club activities because our captain knows how to use me correctly.
So, **things** are not **as bad as** they were when I joined this club.
Now I **like** it here and I DO **enjoy** what I do!

部活でストレスを感じなくなってきている．というのもキャプテンが私のいいところの引き出し方をわかってるからだ．だから入部当時よりも色々とよく

なってきている．いまはここが好きだし，やりがい
があるんだ．

まとめ

👉 Negative を Positive に！

　最後に，この章で学んだ「使えるワザ」をインストールするための例文を紹介しましょう．この文章のテーマは「ネガティブ(Negative)をポジティブ(Positive)に」です．

　だれでも落ち込んだり，悲しい思いをしたり，ネガティブな気持ちになることはあります．ネガティブな気持ちは，実は英語を流暢に話すための究極の近道なのです．落ち込んだ時は無理に気持ちを奮い立たせようとするのではなく，いまあるネガティブな気持ちを英語で表現してみましょう．自分の感情を受け入れ，活かすのです．情緒と深く結びついた言葉だから忘れることはありません．ネガティブな気持ちを燃料にして上達に結びつけると，気づいた時にはポジティブになっているものです．心の闇は必ず英語上達の光となります．

　いままでで一番気持ちが凹んだ体験を思い出してみてください．失恋，受験の失敗，恥，何でもいいんです．できれば目を閉じて，じっくりと．そして下の英文を味わいながら読んでみてください．理解できたら音読も．

　この英文なら，ほぼあらゆるネガティブな落ち込みにフィットすると思います．英語と心をつないでいきまし

ょう.

　語彙はいたってシンプルです．中学校程度です．しかし表現されている気持ちやほのめかされているストーリーは奥行きを感じさせてくれるはずです．そして皆さん一人一人にあるストーリーが入り込んでゆく「意味のストライクゾーン」の広さが感じられればOKです．語彙が少なくてもここまでやれる！という自信を手に入れましょう！

　最初は悲しくていいんです！

I'm sorry about **everything**.
本当に色々ごめんなさい．

I'm sorry about being **the way I am**, and disappointing you with that, about saying **what I say** and **the way I say it** and reacting **the way I did**.
こんな私で，がっかりさせて，言った内容と言い方で，そして反応の仕方でごめんなさい．

And I'm sorry about going on and on about this again now.
I'm sorry, I can't help **it**...
そしてまたいまこのことを延々と話してしまってごめんなさい．
ついそうしてしまってごめんなさい．

And it's not right for you to **take** this.
そしてあなたをこんな目にあわせるなんて間違ってるよね.

In fact, it's not right for anybody to have to take this, **which** I guess is **why I've come to the conclusion** that I'm just too unfit and broken for human relationships and it's better for everyone if I'm alone.
実際に誰だってこんな目にあっていいはずないし, それがおそらく私が思うに私は人と絆を作ることには向いていなくて壊れてしまってるし, 私は一人ぼっちでいる方がみんなのためになるという結論に至った理由なんです.

It's especially not right for you to have to **take it** because you're so kind and sweet and understanding and wonderful, and you need to find someone normal and not broken like me.
特にあなたをこんな目にあわせるなんて間違ってる, というのもあなたは優しくて理解してくれる素晴らしい人だから, 私のような壊れてる人じゃなくて, 誰かまともな人を見つけないとね.

I thought about and struggled with these issues a lot more when I was younger but by now I

guess I've just accepted that this is **the way I am** and I just can't fix it.
こういう問題について小さいころはずっとたくさん考えて取り組んだけど，いまはこういう人間で直しようがないってあきらめちゃっている．

You won't believe **how many times I've cried** over the years wanting to be normal "like everyone else."
信じてもらえないと思うけど，まともになりたいと思いながら何年も何度も何度も泣いて過ごしていたんだよ．

But I just couldn't, and I guess I came to terms with being awkward and broken **the way I am**, and accepted myself while thinking it's highly unlikely I'll ever find anyone who will understand me and **the way I am**.
でもできなかった…私がこんな風にまともじゃなくて壊れていることも甘受して自分自身を受け入れた…ありのままの私を理解してくれる人に会える可能性なんてきっとないと思いながらね．

宝さがしのためのネット活用法

●映画やドラマのスクリプトは先に読んでしまおう
タイトル＋スクリプト（script）　で検索

映画やドラマを観る時は，あらかじめスクリプトを読んで，読んでわからないところは理解しておくと，聞く力につながっていきます．長い映画も DVD や動画を使って少し読んでは，少し観るのも非常に有効です．好きなシーンだけでいいんです．自分で続き物にしてしまう！

●イメージをつかむには
キーワード＋画像　で検索

無数の鮮やかな映像で，単語や表現の意味もイメージも忘れない！

●英語インタビュー（と，そのスクリプト）は
人名＋インタビュー（interview）　で検索

好きな人の言葉をまずは読んで，逃がさないように．そのあと，動画検索をしてインタビューを見れば，話し方の癖までつかみ取ることができます．

👍 チャットや LINE でバイリンガル!!

英語の聞き取りに不安があったり，直接会って話すことが不安な場合もひるむ必要はありません．たとえば耳の代わりに目を使えばいいのです．

チャットであればメッセージを見て，時には同じ画面

上にあけてあるネット辞書などを利用しながら会話を続けることができます．

　読書も英語の資格も大切ですが，いまこの時の自分の気持ちや感情が相手に伝わる様にしたいですよね．それは中学校までの英語力があれば十分なのです．あとはいくつかの技術を習得し，英語を自分の心とつないでおけばいいわけです．それがないと，次はない．特にリアルタイムで目の前の相手に伝わると，不思議な爽快感があるものです！

　チャットには以下のような，すごい効果がたくさんあります．

- 聞き取れないというリスクがない．
- 視覚的で表現を逃がさず，後で復習できる(カッコいい！　知りたかった！　使いたい！という表現も後ですべてコレクションしたり音読したりできる)．
- 自分と相手の生きたストーリーの中で学べる．
- 自分がどんな内容について話そうとしていたかが後で見返すとよく判り，自分のスピーキングのスタイルが見えてくる．
- 話し相手の性格や発想ももちろん履歴に残るので，文化も含めて理解が深まる．

　そして，もし国内外に英語を使い合える友達ができ，相手が日本語を学んでいれば「これって英語でなんて言うの？」「日本語ではあんな言い方も，こんな言い方もあるんだよ」と会話を広げていきやすくなります．完全

な英語じゃなくていいです．英語で何かを相手に教えることは無意識に集中力を高めて英語で思い，考える練習となっているものです．

Teaching is learning ということですね！

●宝さがしのためのツイッターアカウント
【英語表現を学べるアカウント】

楽しい会話	@funfunconv
楽しい例文	@funfunreibun
テリー先生	@real_eikaiwa
Janica Southwick	@janicaeigo
有子山博美（ROMY）	@romyscafe
TV 訳詞家・東エミ	@EmmyEast3716

【語い強化おすすめアカウント！】

①楽しい基礎英単語	@funfunkisotan
②楽しい英単語	@funfuntango
③楽しい難単語	@funfunnantan

👍 YouTube を活用しよう
●YouTube のコメントで理解力の腕試し！
YouTube のコメント欄にある英語は単語や表現自体を単体で学ぶには最高です．注意すべきなのは丁寧に推敲された英語ではなく，また英語が母語ではない人々も書き込んでいますのでスペルミスや文法の乱れも見られます．ある意味では本当に「ふだん着の英語」が飛び交っ

ているとも言えます．あくまでどのような意見や感想（メインメッセージ）が述べられているか，をとらえることに集中しましょう．

● **YouTube のコメントは一つ一つが短いことも魅力です**
多くが非常に短く，長くても短めのパラグラフ程度です．自分の興味を追いかけながら一つの意見や感想を読み切るという理想的な練習が数分間でできてしまいます．
これは「嫌々読まされる」こととはまったく違った心と思考を手に入れることになります．興味をベースにした読み方は自分のほかの興味と確実につながり合って英文を思いつく速度を高めてくれます．

● **コメントを書き込んでみよう！**
どんな反応であっても，世界のだれかが返信してくれればそれは一つの勝利です！　英語が下手だと言われたり，間違いを指摘されたらそれもすごい収穫となります．どちらも「自分が主体的に行動」した結果なのです．自力で動く限り，上手くなることはあっても下手になることはありえない．主人公は自分ですね．

● **YouTube で一人練習**
英語で話す練習をする際によく「テーマを決めて話そう」という方法がとられます．その一人練習としてもこれは役立ちます．初めから動画という一つのトピックが決まった世界に簡単に飛び込むことができることも魅力

です．そこにある投稿は，いつも生きています．

●YouTube のコメントはとっても美味しい禁断の果実！
YouTube のコメントで質問し放題，友達ができる．
英語は粗いが，動画という一つのテーマが決まっているので「何について話しているか」が常にわかり，表現を覚えやすい．
コメント欄でたくさん質問をして，友達を増やそう．チャットよりタイムラグがあり，実は英語のアウトプット＆コミュニケーションには最適の練習になります．

質問例
  What is he saying from 00：00？
  →00：00〜（映像が映っている時間帯）　彼は何て言ってるの？
  Who sings this song？
  →この BGM は誰の歌だったか教えて！

ことばの感覚をとらえる **5**
単語を忘れることを恐れないために

　語彙を増やすこと自体は当然良いことなのですが、気をつけるべきことがあります。単語や表現を忘れることを恐れてはいけない、ということです。

　資格試験や入試では、当然一定の語彙レベルが要求され、スコアや級が上昇するほどより多くの語彙が求められます。そうした流れの中で「基本的な語彙は程度が低い」「基本的な語彙は使わない方がいい」「難しい言葉を多く使った方が高級である」と無意識に思いこんでしまうケースも多いです。

　しかし真実はむしろその逆です。抽象的で専門的な語彙ほど忘れやすくできています。大切なのは特定の言葉を忘れてしまった時に、それを別の言葉の組み合わせで説明できることであり、また忘れてしまった言葉について直接スピーディーに誰かに質問し、その説明を理解できる能力です。

　そんな時に活躍する言葉は当然、基本的な語彙となります。言い換えれば、基本的な語彙の使いまわしが非常に上手な人とそうではない人が同レベルの語彙を持っている場合、そのパフォーマンスは前者が圧倒的に上回ります。

　極意は初期段階で手に入れるものなのですね。

　逆説的に聞こえるかもしれませんが、瞬間的な使いまわしができて、単語を忘れることを恐れない人の方がストレスなく内容に集中でき、結果的により多くの英語に触れることになります。たくさん英語で質問でき、コミュニケーションの機会も自分で増やしていくことができます（これ

は本当に重要です！）．

　難しいことを小さな子供にわかりやすく伝えられる人は，コミュニケーションが上手いものです．語彙に頼りすぎると，当然子供に話は通じません．難しい言葉を使うほど，理解してくれる人は減っていきます．ふだんの生活で完璧にドレスアップして，持ってるアクセサリーをすべてジャラジャラつけたりはしませんよね．それでは空気が読めていないと思われてしまいます．英語も（そして当然日本語も）同じことです．

　まずは聞いたり読んだりするために多くの言葉を知ってるけれど，話し伝える時は簡単な言葉で説明上手を目指しましょう．その場その場でうまく調節できるようになっていきます．

ことばの感覚をとらえる 6

洋楽の歌詞で「思う力」に磨きをかける！

「好きな洋楽の曲名＋lyrics（歌詞）」でネット検索してみましょう（ちなみに lyrics も l と r 発音のよい練習になるので、声に出して言ってみましょう！）．

たいていは簡単にその歌詞を見つけられます．見つけたら、まずは文法や単語を理解しましょう．心にしみるように作られた歌詞の語彙はいつもシンプルです．本音になるほど、皆が理解しやすくなるのですね．その極致(きょくち)の一つが歌詞なのです．

その歌詞を静かな場所で、メロディなしで音読します．最初はゆっくりと穏やかなトーンで読みましょう．時には声を使わずささやくように．

意識して心の中のスクリーンに風景が見えるようにしてゆきます．英語の歌詞を通して自分の中に眠っている様々な感情や風景を味わいましょう．

回数を重ねる度に様々なイメージが驚くほど鮮明に去来(きょらい)すると思います．

ここで大切なのはふだん聴いたりカラオケで歌っている時と違って、メロディラインに心を引っ張られないことなのです．

次のステップとして、だんだんと音読する速度を上げていくと、その速さに応じて同じ歌詞でもイメージや伝わり方が変化して、気がつけば自分の感情も大きく変化していると思います．

穏やかに諭(さと)すように話すのと、まくしたてるように話すのでは、伝わるメッセージや雰囲気も大きく変わることが

感じられます．速度を変えては，心に浮かぶ映像を楽しみましょう．

　さらに慣れてくると，「今日はどんなイメージが出てくるのだろう？」とわくわくしながら音読に臨むことができるようになります．

　英語のトーンと速度は感情を変化させ，またその逆も真なりで，感情の変化は英語のトーンや速度を変化させます．

　寝る前に行うと，英語で夢見ることが増えていきます．これはとても素敵な経験だと思います．感情やイメージと英語が深くつながっていきます．

　そのようにして手に入れた感覚は，たとえその歌詞自体を忘れても，常に英語の4技能をしっかりと支え，活きたものにしてくれます．

4章

24時間使いまわせる「ふだん着」の表現

◇　　　◇　　　◇

4章ではいままで私が伝えてきたことを，みなさん一人一人が実践できるように，前半は英語のフレーズ，後半はもう少し長い例文を日英で紹介します．

そのために前述してきた単語，構文や使い方をたくさん詰めて，文章の中でわかるようにしてあります．しかもすべて，これを覚えたら，思っていることがさっと言える！という応用のきく表現を選び抜いてあります．

「これって一体英語でなんて言うんだろう？」と思いながら英文と注釈を見て下さい．使われている単語が簡単で驚くと思います．理解した瞬間から，音読が楽しくなります．

「あ〜これわかる〜」，「こういうことって，あるある！」，「こんな奴いるよな〜」と思えたらもう勝ちです！

すでに英語で感情を持つ準備は整いました！

ぜひとも，この例文を色々な速さや雰囲気で声に出しておもちゃにしましょう．

実際，音読してみると，問題集や教科書にあるような多くの英文と違ってリズムがよく読みやすいことに気づくと思います（教科書などの長文も声に出して実験してみてください）．音読してみて読みやすいものはほとんどの場合，実際の会話向け，ということも身体で感じ取れるようになります．日本語でも新聞と映画のセリフで

はどちらが音読しやすいかは容易に想像がつきますよね．声に出して自分の感情とダイレクトに英語をつなぎましょう．

　「英語を話したいなら心と口を動かせばいい」．極意はいつもシンプルです．

　いきなり全文をやる必要もまったくありません．まずは，毎回1文を1分だけでもOKです．これだと，3分もあれば何十回と読むことができるようになります．分量よりも，回数です！

　回数を増やすには，文の数を減らせばいい．ここにもシンプルな上達の極意があります．これだけは最低限自分に課して，音読して覚えよう！という例文も示してあります．是非この最初の一歩から自分を試してみて，一つずつ階段を上がってみてください．

　速く読めるようになり，集中することに慣れてきたら2文，3文と一度にやる分量を徐々に増やします．

　練習の前後にスマホで自分の英語を録音すると，毎回上達が実感できてさらに楽しくなります．

　気がつくと，すごい集中力，英文処理能力，リスニング力が身についています．話す力も当たり前ですが途切れなく向上します．

相手に自分の気持ちを伝える時に便利な表現

先にも書いたけれど，友人とのコミュニケーションを通じて得られるナチュラルな英語は，英会話上達の早道！　さまざまな日常場面の英語を自分の心に練り込んでいこう！　そんな時に便利な表現をリストアップ．

- 勉強／恋愛／計画／練習／万事 うまくいってる？

    Is it working?
    I wonder if everything is okay.

- うまくいっているよ

    It's going well.

- (彼女に好かれている)気がする

    I have a feeling (that) she likes me!

- 何してる？

    What's up?

- 私としては／私的には

    I would say...
    As for me
    I personally think
    In my opinion

- **確か〜なはずだよ**

    I'm pretty sure S V

- **(あの俳優が好きじゃない)ってわけじゃないけれど**

    (It's) Not that I don't like that actor...

- **まあ，そんなもんだよね**

    It is what it is.
    That's how it is.
    Life is like that.
    That's how things are.
    　※things　世の中，物事，いろいろ
    　なんだか人生を達観しているような言い方ですが，日本語でも会話の中ではこの一言が効く場面が折々出てくると思いませんか？

気持ちにうったえる表現

相手に寄り添ったり相手に自分の感情を伝えたりすることで，人間関係の距離がぐっと縮まるものです．そしてどんな表現をするかで，あなたという人（identity）がそこに表れます．みなさん一人一人の心の色を表す手助けをしてくれる表現をリストアップ！

- **いろいろ大変だよね**

    You're going through a lot.

    この go through は「通り抜ける」「経験する」など多くの場面で使うことができる便利な表現です．受験英語にも出てくるからこのタイミングで覚えてしまいましょう．

- **心なごみます／ほっこりします**

    Your words put a smile on my face.

    無生物主語でたくさん使えます．

    Your words は What you tell me/what you say と置き換えられます．

- **あなたは悪くない／苦しまないでね**

    It wasn't your fault.

    No one is to blame.

    You can't control everything.

こんな風な言葉を悩んでいる友人にさらっとかけてあげたいものです.

• 感動・感激の away

～にすごく感動した
⇒I was blown away by...

～に心奪われてしまった
⇒I was swept away by...
（よりダイレクトに He swept me away. も）
…には人でも事でも物でも入れられます. 何か心を揺さぶられるものを見た時に使ってみると, 相手にみなさんの感動がストレートに伝わります.
away は心が遠くに押し流されるイメージ.

• 運命を切り開く another

（あきらめずに）明日もやる！
⇒You will fight "another day."

（その気になれば）道はある！
⇒You will find "another way."

毎日が新しい日
⇒Tomorrow is always another day.
3行日記の一行に書いて自分を元気づけてみませんか？

別人みたい！
⇒You look like another person.

- **慣れっこです／いつも通りだよ**

  I'm used to it!

- **ぶれない**

  You are consistent.

- **ぶれる**

  You are inconsistent.

4章 24時間使いまわせる「ふだん着」の表現　　133

会話や文章のキャッチボールに便利な表現

- **前述しましたが，英語でムチャぶりされたら…あらかじめ，練習しておく！**

    ⇒Ah, I...I'm so nervous that I don't even know what I'm talking about...!!

    (き，き，緊張しすぎて自分でなに話してるかわかりません！)

    ☆緊張しているように見せながら，実はすごく滑らかに英語を使っていることもアピールできます．

- **出だしはこれ「what」**

    What (I think) is great is that...

    すごいと思うのは〜

    What you just said touched my heart...

    あなたが言ったことが心にひびいた．

    四角で囲んだところは主語として一語と認識します．

- **つなぎはこれ「, which」**

    相手の発言を前段にして，会話の主導権を我が手中にできるとても便利なテコの役割をはたしてくれる力強い味方です．

    わかるそれ！　想像つくよ〜

    ⇒, which I can imagine easily.

- **積極性を示す「Let」**

    Let me do it.
    Let me try.
    Let me show you around.
    Let me carry it.
    「私にやらせてください！」という姿勢．

- **自然に使えると会話でも受験でも便利な「Unless」**

    Unless って相手が話したり英文テキストに出てきたりすると，一瞬立ち止まってしまう人が多いと思います．この言葉を駆使できるようになると，会話力も英文テキストの読解力も大きく飛躍するんです．この機会にぜひ自分の中に取り込んでしまいましょう．

    Unless you give up, you're still winning!
    （諦めない限り勝利に向かっている！）

    Unless you give up, you're not a failure.
    （参ったと言わない限り，負けじゃない！）

    Don't use it unless you have to.
    （いざという時以外はそれを使うなよ）

恋するみなさんに

- **あなたがいるから，頑張れる！**
  ⇒You're my "driving-force".
  ※driving-force　動かす力

- **いっしょにいると，何やっても楽しいね**
  ⇒Anything's fun with you...!!
  ※When や If がいらない．

- **いっしょにいると，元気が出るよ！**
  ⇒I feel positive around you.
  （前向きでいられるんだ）

- **あなたを大切に思ってる／慕ってる／気にかけてる／結局心配してる**
  ⇒I (do) "care about" you.
  （"care about" は意外に言えないけど，大事な大事な表現です．家族にも，恋人にも使えます！）

- **I miss you からもう一歩踏み込んで**
  ① Thinking of you is all I do. (A is B)
  ② You're always there when I close my eyes.
  ③ I wish I could fly to you.

- **一途だなぁ／彼女ひとすじ／〜に専念する／邪念を捨てる／退路を断つ／後先考えない**
    ⇒He "dropped everything" for her.
    (すべてを捨てて，なげうって，というイメージです)

- **最近遊んでくれないね／相手にしてくれないな／昔はよかったのにな／かまってくれない／一緒にいたくないんだね**
    ⇒You have no time for me...
    ⇒Why don't you pay attention to me...?

- **あの人を，忘れられない**
    ⇒She refuses to fade in me...
    (彼女は私の中で色あせることを拒んでる)

- **ふられた友達を勇気づける**
    元気だしなよ．素敵な人はこの世にごまんといるから！
    ⇒Hey, cheer up! There are more out there!!
    (もっといる(ある)は "There are more" で，"out there" は「この世には」のイメージで何にでも使えます！)

さあこの弾みで受験英語！

覚えておくときっと受験で役立つ英語表現のヒントです．

- **to いる？ いらない？　（使役動詞）**
  "to" がいる　allow/get/force 人 to 〜
  "to" はいらない　let/make/have 人〜
  "to" はあってもなくても OK　help　（会話では基本 to は無し）

- **「九九」のように覚えたら勝ち！**
  would be　　　　（だろうね）
  could be　　　　（あり得るね）
  might be　　　　（かもしれないなぁ）
  should be　　　　（のはずだ）
  must be　　　　（間違いない）
  supposed to be　（とされている）

- **頻度を表す言葉の違い，その1**
  rarely/seldom　　　　　　めったに
  hardly/barely/scarcely　　ほとんど
  not always/necessarily　　必ずしも
  never/by no means　　　　決して
  Not all/every　　　　　　すべて〜とは限らない

- **頻度を表す言葉の違い その2**

always	100%
usually	90%
normally/generally	80%
often/frequently	70%
sometimes	50%
occasionally	30%
rarely/seldom	10%
hardly/barely/scarcely	5%
never/by no means	0%

    （数字は大よそのイメージ）

- **「The 比較級–The 比較級」**

    ⇒The more you do it, the easier it gets!!
    やればやるほど簡単になる！
    ("do it" の代わりに "work on your English" 等に変えて楽しみましょう)

    ① "The more I know (about) her, the less I understand her"
    彼女のことを知れば知るほど，理解不能になっていく

    ※"about" がない時は(例えば友達や恋人など)個人的に知っている人，"about" がある時は(例えば芸能人や有名人のように)個人的には知らないがその人について情報を知っている，ととらえます．

    ② "The more I read this book, the less I un-

derstand it"
この本を読めば読むほど,わけがわからなくなっていく.

• 倍数・比較　～times

「～倍」を「～回分」と考えると,すっと頭に入ります

⇒He studies three times as much as I do.
奴は僕の3倍(3回分)勉強してる
(掛け算でも(×)は "times" です)

• 理由：～S＋V

Because, As, Since, For
(As は Since よりフォーマル)
【理由：～名詞】 Because of, On account of, Due to, For, Owing to, Thanks to

•Some (people)～ を,訳すコツ

「何人かの～」ではなく,「～な(する)人もいる」と訳すと発想が変わり訳文が引き締まる!
ふだん話さないような日本語は訳に使わないこと.

• 時制

①思い出話・昨日の出来事 etc.
⇒過去時制だけ使う!
②普段やってること etc.
⇒現在時制だけ使う!

③予定・将来の夢 etc.
⇒未来の時制だけ使う！
会話で文法ミスを減らすコツでもある．

• 仮定法・過去完了 「後悔」の 4 連発：
Should have(過去分詞)　やればよかった
Could have(過去分詞)　できたかもなぁ
Might have(過去分詞)　したかもしれない
Would have(過去分詞)　したことだろうに
（すべては過ぎてしまった，もうどうにもならないことを表します）．

• 覚えやすい仮定法過去
①恋人がいたらなぁ⇒I wish I **had** a partner.
　もっとお金があればなぁ⇒I wish I **were** richer.
②それができたらなぁ⇒I wish I **could** do that.
☆いまありえない願望が過去形になります！

• 英作文の必殺技
冠詞は a か the かどっち!?
⇒迷ったらたいてい所有の my/his/her/your/our/their/its 等の方がしっくりきます．（盲点ゆえに知ってるとすごく得します）
直訳で受動態⇒目的語と主語を入れ替え能動態に
IT 構文で行き詰まる⇒人を主語に
人が主語で行き詰まる⇒無生物主語

4章　24時間使いまわせる「ふだん着」の表現

減点法が嫌い⇒単・複，時制の確認は絶対やる

2014年8月以来，私のツイッターにおいても大きな反響が続いている技術です！

• **英作文で使える技　happen to＋動詞**

「偶然に，たまたま」を by coincidence や by chance ってダイレクトに訳すのもいいけど，「I happen to＋動詞」って応じてみると新たな世界と感覚がつかめます！

「ふと〜する」という日本語にもぴったり対応します．「はからずも・なにげなく」のイメージですね．ふだんから非常によく使っているパターンだと思います．

ふと空を見上げた．
⇒I happened to look up at the sky.

ふと一緒に過ごした日々を思い出した．
⇒I happened to remember the days we spent together.

発展技　Be able to と組み合わせて．
ただ何となくできてしまうんだよね．
⇒I (just) happen to be able to do it!
　☆「特別努力してるわけじゃないんです」という意図で謙遜したり，また，余裕をかまして持って

生まれた能力などを自慢する時にも使われます．
伝えたい意図を文脈で自在に変化させることができます．

- **英作文で使える技：so〜that で**

  「考えすぎて，考えられない…」

  ⇒I tend to think so much (that) I often lose my train of thought.

  ※train of thought　思考のつながり

  There are **so** many inconsistencies **that** I don't even know where to start.

  ツッコミ所が多すぎてどこから言えばいいかさえわからない．

- **「ラテン系比較」は「than」ではなく「to」**
  - Prefer A to B (＝like A better than B)
  - Senior to　〜より年上
  - Junior to　〜より年下
  - Superior to　〜より優れる
  - Inferior to　〜より劣る

英語に好かれるとっておきの例文

本書の発想の要素がすべて身につくように含有されている例文です．

〈自分らしく編〉

◆流した涙の分強くなれ．
　傷ついた分優しくなれ．
　打たれた分大きくなれ．
　負けたくないなら，強くなれ．
　挑んで転んで，立ち上がれ．
　そして，「いまに見てろ」と，笑ってやれ．

Become as strong as the amount of tears you shed.
Become as accepting as the amount of hurt you feel.
Grow up as much as the amount of troubles you go through.
Become stronger to survive.
Take chances, fall down, and get up again.
Then, smile at the future.

◆泣いてる時は心が内向きになって，自分が押しつぶされそうになる．

My world caves in when I cry.
　※cave in　崩れ落ちる，陥落する．collapse の同義語．感覚を磨くために重要な言葉なので，この例文と一緒に覚えてみましょう

◆心の中のわだかまりを全部吐き出さないと気持ちは外の世界に向かないものだよね．
出し切らないと次のステップには行けないものだから．
嫌なことがあったら気にせず泣けばいいんだ．
それが笑うための最短距離なんだよね．

Just get your negative emotions out of your system.
You can't get to the next step **unless** you empty your mind first.
Just cry when you want to.
Just cry when you need to.
That's the quickest way to smile again.

◆自分のことをいつも戦士みたいに感じている．この思いこそが自分だって思ってる．
だから何が起ころうと物事がどうなろうと決して自分の気持ちを曲げるつもりはないという確かな思いがある．

Feeling like a warrior is part of my nature, and

4章 24時間使いまわせる「ふだん着」の表現

it's what makes me who I am, **which**(I think)is why I have no doubt that I will never change my mind no matter what I go through or how things turn out.

　これは私自身効果の高さを実感したWhat-Why-Howの関係詞と「,(カンマ) which」を使った，会話での変化即応性を手に入れるためのパワー音読用例文です．無限に広がる運用能力を養ってくれるモデルですから，何度も音読して覚えてみてください．結果として暗記するぐらいやってみましょう．そして忘れてしまった頃に，ある時，様々な英文が思いつきやすくなっている自分に気づくでしょう．

　a warriorのところを自分の性格や理想を表す別の言葉(例えば，an athlete 運動選手・アスリート，an academic 研究者タイプ・学究肌 etc.)に替えて練習するのもいいと思います．その瞬間から自分を主人公にすることができ，情緒と英語のつながりは強固なものになってゆきます．

〈恋愛編〉

◆いまあの子はどうしてるかな．
　いまはどこにいるのだろう．
　いつまた会えるのかな．

誰と過ごしているんだろう．
彼氏は誰なのかな．
一日中あの子のことを考えてて自分は大丈夫なんだろうか．
頭から離れない．
ついついそうなって，どうしようもない．

I wonder what she's doing.
I wonder where she is.
I wonder when I can see her again.
I wonder who(m) she's spending time with.
I wonder who her boyfriend is.
I wonder if I'm okay thinking about her all day long.
I just can't get her out of my head.
I can't help it, and I really don't know what to do.

◆どんなに嫌なことがあっても，悲しくて腹が立つことがあっても，我慢した．でも（そうしなかったら）君はきっとこう言うでしょ？「めんどくせー」って．そう思われたくなくて気持ちを圧し殺していたの，大好きだったから．

Lots of crazy things happened between us.
I had lots of sadness and anger inside me, but I

held them in. **That's because** I know you would have said, "I can't be bothered". I remained silent not to make you feel that way simply because I was in love with you.

　※That's because...　〜ということだから

◆本当に終わらせたいなら会っちゃだめだ．連絡してはいけないよ．会えないくらい遠くまで離れて．言ってることはちゃんとわかってるんだ．
わかってはいるけどできないのは，本心では終わらせたいと思ってないからっていうのもね．現実逃避してるんだよね．

Stay away from him, and stop talking to him.
Keep yourself far away so you don't see him anymore.
I do know what you mean.
And I can't because I know I don't want to end it deep down.
I'm in denial.

　※in denial　現実から目をそらす，現実を否定する
　現実逃避…，誰でも折々体験する心の状態です．それだけ日常のやり取りで外せない表現ということですから，この機会に覚えましょう．

◆連絡が来ない時にどれだけ一緒に居たいか，そしてど

れだけ夢中かに気づく．寂しいと実感して自分の気持ちの大きさに気づく．歯がゆく思う時に自分の気持ちの大きさに気づく．相手を失ってから自分の気持ちの大きさに気づく．いつも失くしてから気づく相手の存在の大切さ．無くしてみないとわからない．

I realize how much I miss him(her, you), and how much I'm into him when I don't hear from him.
I realize how much I'm in love when I get impatient.
I realize how much I loved him when I actually lost him.
I never realized how important he was in me until I lost him.

◆いつの間にか仲良くなってて，いつの間にか友達以上．いつの間にか大切な存在になってた．大切にしていたけれど気がつけばいなくなってた．

I found myself being friends.
I found myself being more than friends.
I found myself being unable to live without him.
I found myself without him even though (I thought) I was treating him well.

◆期待するほど後が辛いって知ってるから,期待しないようにと思うけどやっぱり期待してしまう….自分でもわからないんだ.皆の前では明るく演じてるけど,一人になるとくらやみに戻ってる.

I try not to expect too much because **it** often makes me sad when I do so.
But I can't help it anyway... I don't know why... I always act like nothing is happening but when I'm alone, my world always collapses (my world caves in).

◆前の恋で信じることが怖くなっちゃった.
お願いだから裏切らないで.
見かけによらず傷つきやすいの.

I got really traumatized because of what happened with my ex-boyfriend.
Please don't cheat on me.
I'm not **as** strong **as** you think I am.
I mean...
I'm more fragile than you think I am.

◆本当に惹かれるってどこが好きなのか自分でもよくわからなくて,何気ないしぐさだったり雰囲気だったり言葉に,「この人が好きなんだぁ」って思える人な

んだ．何度も何度もそう感じる人が本当に好きな人なんだよね．

When you get really attracted to somebody, you usually don't even know why（you get attracted が省略されている）.
It's the air or the way he carries himself that makes you realize "He's the one!!"
When you feel that way lots of times, you probably found the one to be with.

◆長いこと返信がないと，忙しいのかな？ それともめんどくさがられてるの？ってついつい考える．すぐに返信なんて来ないなんて，彼のいつものパターンなのに．

I wonder if he's busy or if he's fed up with me.
Many different thoughts wander in when he doesn't reply to me.
(It's) not that I don't know it's the way he always is.

　※It's not that　ってわけじゃない
　（直訳　彼がいつもあんな風って知らないわけじゃないんだけど）

◆好きな人にほど素っ気ない態度をとっちゃうから「俺

ってバカだなぁ」って思うんだ．ついやっちゃうんだよなぁ．

I tend to pretend not to be interested when I meet somebody I really like, which makes me hate myself.
I can't help it.

〈友情編〉

◆友達ってなんだろう？　なにしても怒らないのが友達？　まちがってても放っておくのが友達？　違うよね？　本当の友達って困った時に助けようとしてくれる．間違ったことしたら気づかせてくれる人．自分は孤独じゃないって気づかせてくれる人なんだ．

I wonder what "friends" really mean... Is that **somebody who doesn't care no matter what I do**? Is that **somebody who doesn't stop me** when I'm doing something wrong? That's not true. A true friend is **somebody who tries to help me** whenever I'm in trouble, **somebody who tells me** I'm wrong when I do something wrong, or **somebody who makes me realize** I'm not alone.

　※一語認識ポイント　somebody who＝してくれる人

◆たとえその人が他人に悪く言われていてもその人のいい部分も自分が知っていたら嫌いになることはないんだよね．周りからの意見も大事かもしれないけど，すべては自分が決めることで，自分がいいと思ったらそれでいいんだ．

When you know his good qualities, your friendship never changes no matter what others say about your friend.
(It's) not that it's not important to listen to others' opinions.
It's something you decide, and whatever feels right for you is right for you.

〈高校生活真っ只中編〉

◆まだ月の前半なのに何でもう金欠なんだろう．お金何に使ったんだっけ？　どうなってるかまったく意味不明だよ！

It's still the first half of the month and I'm already running out of money.
I wonder what I spent the money on... I have no idea **what's going on**!!

◆やる気なんて起こそうとして起きるものではない．期

4章 24時間使いまわせる「ふだん着」の表現　　153

せずして発生するものなのだ．ゆえに無理やり勉強するのは不自然の極みである．自然の摂理に反してるんです．むしろ非効率なのである．

Motivation is something that occurs naturally.
It's **something that just happens**.（起こるもの，と一語として認識）．
So, trying to get motivated is totally against the laws of nature. It's rather inefficient.

◆信用してはいけないこと．先生の，「今回のテスト簡単だぞ〜！」．信用してはいけないこと．頭いいやつの，「今回全然できなかったわ〜」．信用してはいけないこと．「いや〜全然勉強してないわ〜」．

Never trust your teacher saying "The next exam is easy", your smart friend saying "Oh, I blew it on the test" or "I didn't prepare at all".

◆テスト対策とかもう，やること多すぎてどこから手をつけたらいいかわからねーよ．いや，やるべきことが多くある，ということがわかっているだけでも幸いかもな！

There are so many things to prepare for the exam that I don't even know **where to start**!!

Well, maybe I should feel lucky to know there is a lot to be done!!

◆友達と勉強する時ってその友達によって集中度がすっごく変わるよね.

Your concentration level totally depends on **who(m) you study with**, when you study with your friends.
　※Your concentration level　無生物主語

◆徹夜すると,徹夜してるからまだ時間があるという発想により,進む課題も進まないんだな.

When I'm staying up all night, I can't even do **what I can usually do** because I know I have more time tonight.

◆高校生になってあいつに再会したらめちゃくちゃ雰囲気変わってて最初誰かわかんなかったわ.別人になってて誰もわかんなかったんだ.

It took me a while to recognize him because he's changed so much since high school started.
He really looks like **another person**, and nobody could tell **who he was.**

4章　24時間使いまわせる「ふだん着」の表現　　155

※another person　別人

◆オールって時間の無駄だよな…．結局Twitterに走る一週間…．学校休みにならないかな．そしたらもっとしっかりテスト勉強できるのに……．

I think **staying up all night** is just a waste of time... I always end up playing with my Twitter, and it's been like this for a week. I wish I didn't need to go to school... then I could probably study...

◆気がついたら昨日が終わってて，気がついたら今日も終わっててきっと明日も気がついたら過ぎてるんだろうなぁ．この状況は本格的にまずい．

All I remember is I wasted the whole day again and again, and I can imagine myself doing the same tomorrow.
It can't be like this forever and I need to do something about it!!

◆どうしよう！　食欲が暴れ出してるわ…こんなの耐えられるはずがない．でもここで行動に移したら後がこわい．なんでよりによって，こんな時間に…目の前にはお菓子．我慢できるわけないじゃない!!　うん，そ

うね！ ダイエットは明日からにしちゃおう！ だったら思い切り食べちゃおう．

Oh, I don't know **what to do**... My appetite is out of control, and how can I fight it? I know I'll regret it greatly if I eat them now. It always occurs when I least expect it. **The sweets are screaming** "Eat me!!". Yeah, it's definitely not natural to say "No". Okay, I'll start my dieting tomorrow. It's time to pig out.

◆朝，起きてスマホをいじる．宿題は後でやろう．昼，友達と遊んで，スマホをいじる．宿題は後でやろう．夜，何気なくスマホをいじる．宿題まだじゃん！ やった方がよかったのになぁ．やろうと思えばできたのになぁ．きっとやればできていただろうになぁ．
もう間に合わないな．

I wake up in the morning and play my smartphone... I can do my homework later.
I play with my friends during the day, and play with my smartphone... I can do my homework later. I play with my smartphone for no reason at night, and... Ah, **my homework** is waiting!! I **should have** done it. I **could have** done it. I **would have done** it.

It's too late.

◆勉強しなくてよかった原始人が非常に羨ましい.

I **feel jealous** of cavemen as they didn't need to study like this.

◆作り物の自分を愛されるより,ありのままの自分を憎まれるほうがましだ.
自分の気持ちには正直でありたいというのが信条だから.

I don't want to fake myself to be accepted.
I'd rather remain **who I am** no matter what they think.
I believe in being true to myself.

◆愛するということは,自分の愛する相手の立場になり切れることに尽きる.
自分を大切にできなければ,いったいどうやって相手を大切にすることができる?
欲しているものを察してあげられるようにしたい.

It's all about being able to be in her shoes and treating her as I treat myself.
Unless I can **treat myself** well, how can I treat

her well?
I always want to be able to figure out what she wants.

　※figure out what she wants は「おもてなし」の訳としても使えます．

◆仲悪くなっても共に微笑んだことは事実．連絡しなくなったけど一緒に笑ったことは事実．二人の間に何があってもずっと一緒にいるはずと信じていた事実は消えない．
違う道を歩んでいるけど，すべては最善に導かれてると信じてる．

Things got nasty between us, but it's **a fact that** we once smiled together.
We stopped talking to each other, but it's **a fact that** we once laughed together.
No matter what happened between us, we can't wipe out **the fact that** we believed that we'd be always together.
It's sad we grew apart, but I believe things work out for the best.

　※a fact that　　という一つの事実
　※the fact that　というその事実

おわりの前に ── プロローグの答え

　プロローグで，たくさんの例文を書きました．はじめは圧倒されたかもしれませんが，この本でくり返し書いたように「一つの英文表現」にたくさんの日本語を結びつける，意図と行動，などなどを思い出せば，それほど厄介なことではありません．文脈は頼れる味方となります．

- 感じよかったね！
- 快適だったね！
- 期待通りだったよ！
- 楽しかった！
- 美味しかった．
  ⇒ **I liked that.**
  　このひと言で，上のさまざまな感情を表現することができます．

- 認めたくなかった．
- 感じ悪かった．
- 不快だった．
- 期待外れだった．
- 傷ついた．
- 美味しくなかった．
  ⇒ **I didn't like that.**

- 風邪がほとんど治ってる．
- 悩みがなくなりつつある．
- 失恋の痛みも吹っ切れつつある．
- スランプから抜け出しつつある．
- 悲しみさえ忘れつつある．
- 睡魔が消えつつある．
- (辛かった片思いの)恋愛感情が消えつつある．
- よそよそしさがなくなってゆく．
- わだかまりがなくなって，仲直りしつつある．
- ほぼ元通り．
  ⇒It's better.

- 退屈なことを退屈と思わないんだ．
  ⇒I enjoy it.
  　I like it this way.

- 離婚してます．
- バツイチです．
  ⇒I was married.

いかがでしょう．

70億人が本音で感情にまかせて話した時に使われる語彙の大半は2000語レベルでしょう！　語彙が最も多い人間が最も表現力が高いということはない．最も多くの人々に最も深く通じるのは，シンプルな語彙を最も柔軟に使いきれる人なのです．

文脈と気持ちは最大の味方なんです．シンプルな言葉ほど忘れにくく，よく使うんです．もちろん様々な言葉を凝らして表現することもできますが，まずはこんな言い方でよいので自分の気持ちを伝えていきましょう．

　これからずっと毎日のようにお世話になる言葉たちを使って．

最後に──そしてみなさんの始まりに

　この本を読んで言葉の湧き出す感覚を手に入れたなら，その能力を客観的にテストするのも良いと思います．

　幸いなことに英語4技能型の試験はすでにいくつも登場しつつあり，大学受験をはじめとする入試や就職にもどんどん利用されつつあります．それらの4技能試験に挑戦してみるのも良いと思います．高大接続．入試も4技能の時代に入っています．

　大学受験の4技能化の勢いはすでに止められないところまで来ています．

　先日開催されたセミナー参加者の中に昨年夏に東進ハイスクールの英語合宿で担当した18歳の男の子がいました．当時彼はB5という最基礎クラスにいました．

　彼はいま英語が楽しくなり，もう一度僕に会いたかったと言って来てくれたのです．そして将来必ず英語を使って仕事をしたいとも．

　見るからに顔つきが変わって頼もしくなっていました．彼は彼の identity を見つけたのです．嬉しく思いました．

　このような時，僕はいつも子供時代の自分に話しかけているような不思議な感覚を経験します．だから英語を学ぶことについて幼い頃の自分に言い聞かせるように「絶対に大丈夫！」と伝えます．

そしてあの時の私が出会ってみたかった先生，受けてみたかった授業を夢想し問いかけるのです．

「こんな先生に出会っていたら？」

「こんな授業を受けていたら？」…と．

それがこの本を書きたいと思った理由なのです．

身体が小さく得意なものもなく，心惹かれた英語にも憧れることができなかったあの頃の自分はまだ心のどこかにいるのでしょう．すべては「英語4技能」という言葉がいまのように広がる遥か以前のことでした．

語学学習において，一人一人が自分の心を表現する達人です．自分の中では主観がすべてで，自分らしさそのものといえます．ただ，それを理解しやすく上手に伝えることはそれと同じくらい重要です．

それができるようになると話している相手の気持ちも理解しやすくなるものです．

ネイティブ，非ネイティブという分け方もあれば，日本人，ノンジャパニーズという分け方もありますが，私が一番大事にしているのは，「それは自分の英語でしょうか？」ということです．自分がどのような運命に生まれ，物事にどう反応し，どう表現しているか？　自分とはどんな人間なのか？　主人公はあくまで自分自身です．自分自身を中心にして初めて英語は私たちの気持ちを表現しようとしてくれます．そうして身についた表現ほど抑え込もうとしても「使ってください」と心に迫ってくるものです．適切に英語と向き合っていれば英語の方か

らあなたという人間を語ってくれるようになります．瞬発力ですね．私も含めて人間は機械ではなく，疲労もすれば，成功も失敗もします．嬉しいことも悲しいこともあるでしょう．でもそんな時に英語は必ずあなたの心の中と外を行き来しながら，いつも寄り添ってくれているはずです．つらいことも痛みもすべてを栄養・燃料にして自分自身の英語はしなやかに，強く大きくなっていきます．

Do what you want.
Enjoy what you like.

Go to the countries you want to go to.
Find the one you want to be with.

Much of life is a sprint.
You're the lead on the stage of your life.

横山カズ

同時通訳者.翻訳家.1977年生まれ.関西外国語大学外国語学部スペイン語学科卒.英語を日本国内で独学し,IT・医療・機械・環境・国際関係・文学など多分野で同時通訳者として活躍中.武蔵野学院大学国際コミュニケーション学部実務家教員,エスコラピオス学園海星中・高等学校英語科特別顧問,リクルート・スタディサプリ ENGLISH,日経ビジネススクール,学びエイド講師,楽天株式会社,JAL(日本航空)グループ等の大手企業では英語力向上と社内公用語化に貢献する.また,20代半ばまでは外国人向けクラブのバウンサー(用心棒・トラブル対応業務)を経験する.少林寺拳法,柔道,キックボクシング,総合格闘技,アームレスリング(2012年三重県大会優勝)など格闘家としての顔も持つ.2012年 ICEE 総合優勝.英検1級.著書:アルク『パワー音読入門』,桐原書店『"スピーキング"のための音読総演習』☆魅力的な英語表現や学習法を発信中!
Twitter ID: @KAZ_TheNatural

英語に好かれるとっておきの方法
——4技能を身につける　　　　　岩波ジュニア新書834

　　　　　2016年6月21日　第1刷発行
　　　　　2019年7月5日　　第4刷発行

著　者　横山カズ

発行者　岡本　厚

発行所　株式会社 岩波書店
　　　　〒101-8002 東京都千代田区一ツ橋 2-5-5

　　　　案内 03-5210-4000　営業部 03-5210-4111
　　　　ジュニア新書編集部 03-5210-4065
　　　　https://www.iwanami.co.jp/

印刷・精興社　製本・中永製本

© Kaz Yokoyama 2016
ISBN 978-4-00-500834-6　　Printed in Japan

岩波ジュニア新書の発足に際して

きみたち若い世代は人生の出発点に立っています。きみたちの未来は大きな可能性に満ち、陽春の日のようにひかり輝いています。勉学に体力づくりに、明るくはつらつとした日々を送っていることでしょう。

しかしながら、現代の社会は、また、さまざまな矛盾をはらんでいます。営々として築かれた人類の歴史のなかで、幾千億の先達たちの英知と努力によって、未知が究明され、人類の進歩がもたらされ、大きく文化として蓄積されてきました。にもかかわらず現代は、核戦争による人類絶滅の危機、貧富の差をはじめとするさまざまな人間的不平等、社会と科学の発展が一方においてもたらした環境の破壊、エネルギーや食糧問題の不安等々、来るべき二十一世紀を前にして、解決を迫られているたくさんの大きな課題がひしめいています。現実の世界はきわめて厳しく、人類の平和と発展のためには、きみたちの新しい英知と真摯な努力が切実に必要とされています。

きみたちの前途には、こうした人類の明日の運命が託されています。ですから、たとえば現在の学校で生じているささいな「学力」の差、あるいは家庭環境などによる条件の違いにとらわれて、自分の将来を見限ったりはしないでほしいと思います。個々人の能力とか才能は、いつどこで開花するか計り知れないものがありますし、努力と鍛錬の積み重ねの上にこそ切り開かれるものですから、簡単に可能性を放棄したり、容易に「現実」と妥協したりすることのないようにと願っています。

わたしたちは、これから人生を歩むきみたちが、生きることのほんとうの意味を問い、大きく明日をひらくことを心から期待して、ここに新たに岩波ジュニア新書を創刊します。現実に立ち向かうために必要とする知性、豊かな感性と想像力を、きみたちが自らのなかに育てるのに役立ててもらえるよう、すぐれた執筆者による適切な話題を、豊富な写真や挿絵とともに書き下ろしで提供します。若い世代の良き話し相手として、このシリーズを注目してください。わたしたちもまた、きみたちの明日に刮目しています。(一九七九年六月)